DETECTIVE SCIENCE

40 Crime-Solving, Case-Breaking,
Crook-Catching Activities for Kids

鑑識科學
好好玩

吉姆・魏斯（Jim Wiese）著

陳偉民―譯
李承龍―審定

採證指紋、鑑定DNA、搜集微物跡證……
5大主題×40個跨學科實驗，
成為小小CSI鑑識專家！

獻給　伊莉莎白

謝謝她對世界的好奇心
讓我保持年輕

Contents

鑑識科學第一課

這很簡單啊，親愛的華生！
運用觀察力、創造性思考 23

鑑識科學第二課

請問，這是你掉的東西嗎？

鑑識科學第三課

分辨混在一起的證物

Contents

鑑識科學第四課

不要漏掉活生生的證物
利用生物線索深入了解

123

鑑識科學第五課

文書追蹤關鍵機密
分析文件破大案

導讀　**鑑識是一門「跨領域」的整合型科學**

李承龍博士

本書審定人、臺灣警察專科學校副教授
協助警政外交擔任卡達警官學院特聘鑑識專家

　　近年來，「鑑識科學」已開始引起大家的注目，隨著《名偵探柯南》、《福爾摩斯》、《CSI 犯罪現場》、《NCSI 重返犯罪現場》的走紅，個人二十多年來擔任刑警的鑑識工作與大學教書的經驗，深知很多人從小的憧憬就是希望和「柯南」一樣聰明，期待學習廣泛的鑑識科學和培養敏捷的推理能力，日後成為如「犯罪剋星」的「科學神探」。在「鑑識科學」影集中，看了鑑識專家利用科學方法保全現場、勘查現場、搜集證據，並分析跡證，重建犯罪現場，進而協助警方推理破案的精采情節，內心除了感佩與崇拜外，也幻想如何才能具備這些神奇的能力，搖身一變，化為劇中的主角。可惜市面上適合青年學子閱讀和學習的「鑑識科學」相關書籍欠缺，沒機會窺探 CSI 鑑識科技的奧祕，大多數無法圓夢，這是眾多青年學子內心的缺憾。此時接到《鑑識科學好好玩》即將出版的邀約推薦，對個人而言，深知此書對熱中追求鑑識科學的青年學子而言，正如久旱逢甘霖！

　　「鑑識科學」領域廣泛，涵蓋了化學、物理、生物、工程、資訊、醫學、藥學、環境、社會、犯罪、心理和法律等學科，而實務上更細分為法醫、現場勘查、現場重建、槍彈比對、藥毒物分析、指紋鑑定、文書鑑定、DNA 鑑定、測謊、聲紋等不同專業，是一門「跨領域」的整合型學科，善用鑑識科技可使重大案件水落石出，讓含冤者得以沉冤昭雪。拿到這本書的初稿，愛不釋手，深知此書對於有志從事鑑識科學的青年學子，是一本很棒的啟蒙書，針對下面常見的鑑識科學提問，均有令人滿意的解答：

　　「你曾經想過如何培養觀察力和創造性思考？如何保全犯罪現場？如何訊問證人、跟蹤嫌犯？如何調查遺落在犯罪現場的物品？如何採集、分類和分析指紋？如何辨識唇印、聲紋？如何採集毛髮、纖維？如何製作印痕的模型？如何辨識工具痕跡？如何透過分析一顆子彈就可以找到槍枝的主人？如何用化學方法分析神祕的粉末證物？面對神祕物質、可疑血液、墨水，該如何鑑識？如何鑑識燒毀的文件？如何

鑑識齒痕？如何從骨頭辨識性別和身高？如何利用 DNA 鑑定？如何鑑定微生物、種子、孢子、塵土？屍體內的浮游生物代表什麼含意？現場物品和屍體的溫度有何意義？屍體腐敗情形隱藏什麼祕密？現場的文書跡證如何追蹤？如何分析文件來協助破案？紙上的凹痕可找到什麼證據？如何從事筆跡分析？如何鑑識偽鈔的真假？」

　　以上這些疑惑，均可在本書中，一一獲得驗證和解答，書中不僅具有簡易的鑑識科學基礎理論的介紹，更難得的是——它將鑑識科學結合簡便的實驗方式，幾乎不需要特殊的工具，即可完成書中各項實作的任務，更是本書最大的特色。從實做中學習更能加深印象，讓學習成果事半功倍。經由本書，大家可對於鑑識科學這塊神祕的領域具有基本的認識，並學習到下面的觀念：

一、對於觀察、偵查和鑑識科學，有了基本的認知與了解。

二、對於物理鑑識、化學鑑識與生物鑑識有基本的概念。

三、對於犯罪偵查、詢問證人、跟蹤嫌犯和犯罪現場有了初

步的認識。

四、對於如何採集指紋、毛髮等現場跡證有初步的理解。

五、開啟同學對於鑑識科學的好奇心與熱情。

六、了解科學辦案的理念與其重要性。

　　這是國內首次將「鑑識科學」的專業，利用淺顯的文字搭配圖案說明，將原本艱深難懂的知識，轉化成青少年容易學習吸收的教材。「鑑識科學」是青年學子最喜愛的熱門課題之一，這不僅是跨領域的自然科學，也是人文科學的一環，尤其在目前討論司法改革、強調科學辦案的議題下，更是社會大眾應學習的重要科目。類似這些與大眾生活相關的鑑識科學的議題，個人曾在清華大學、臺灣大學、交通大學等大專院校開設相關課程外，也多次舉辦青少年的科學神探營隊活動，本書的出版在未來的鑑識科學推廣教育中，必占有關鍵的一席之地，本人樂於推薦，更期待未來有更多更優秀的青年學子加入鑑識科學的行列。

一同體驗當偵探的樂趣！

鄭志鵬

小p老師的理化遊戲房版主、臺北市立龍山國民中學教師

　　我們這個世代的臺灣人可能曾經都有個共同的偶像，就是刑事鑑識專家——李昌鈺先生。他是真實世界裡的偵探，有時候聽他談論刑事鑑識的故事，如何觀察到別人忽略的訊息，抽絲剝繭，提出有力的關鍵證據，常常令人拍案叫絕，讚嘆不已。除了李昌鈺先生，另一個我們很喜愛的名偵探，就是柯南·道爾先生所寫的角色——福爾摩斯。沒錯！柯南·道爾其實就是青山剛昌先生最有名的作品《名偵探柯南》裡面，主角「柯南」名字的來源。福爾摩斯在小說中，也是展現了超人的觀察力、推理能力和科學技術。

　　他最厲害的表演，就是在第一次見到委託人的時候，憑藉許多蛛絲馬跡，像是指甲上面的汙垢、形狀；褲子上面沾到的一些白色粉末；大拇指某種形狀的變形特徵；身上的穿著、首飾等等，就把委託人的身分、來歷統統掌握得一清二楚。並且還說「這很簡單啊」這種氣死他的助手華生的話。

　　不管是小說世界裡面的福爾摩斯，漫畫世界裡面的柯南，還是真實世界裡面的李昌鈺先生，都不約而同的展現了

「仔細觀察」、「比較差異」、「做出假設」、「仔細求證」的功夫。他們的知識廣博，因此能看出許多訊息的門道。他們也都掌握獲取物件資料的技術，例如辨認齒痕、衣物纖維、人類或動物毛髮等等。在解謎的過程中，掌握愈多的技術工具，就愈能讓證據現形。

不管是看了李昌鈺先生的辦案經歷，或是看了小說、漫畫，都讓我們躍躍欲試，想成為一個日常生活裡面的偵探，看出別人看不到的、發現別人沒發現的事物。雖然不見得要去偵辦案件，但是能夠練習敏銳的觀察、比對，學習認識人身上各種不同的特徵，仔細的關注身邊許多事物，常常會有超級有趣的發現。或許這些發現可以讓你成為一個偵探，更可能讓你發現許多生活中從沒看過、想過的新天地，讓你產生許多新的疑惑，對這世界產生更多好奇。

這本書的最開始，是教你如何「觀察」。觀察不只是「看」，看過小說或漫畫的人就知道，許多人就是有「看」沒有「到」。為什麼同一個人在福爾摩斯和華生面前，兩個

人讀到的資訊量就是天差地遠？觀察力是需要訓練的，這本書的第一課，就是教你如何觀察，共分為五個實驗。裡面教導了一些觀察的技巧，可以好好練習。

第二、三、四課，則是分別關於「物理」、「化學」與「生物」的技巧。學會這些技巧，不只可以讓你成為小偵探，同時也學習了許多物理、化學與生物相關的知識和實驗技術。仔細的閱讀書裡面的指導，依照指示操作實驗，可以從過程中學到許多自然現象的科學原理。相信你在過程中，可以對自然現象有更深刻的觀察，也會產生更多的疑問。有些問題可以查網路看看有沒有答案，有些可以問老師或父母，而有些問題就真的值得花時間鑽研，成為一個小學或中學階段可以進行的專題研究。

第五課是屬於「文件」的鑑識。相信大家都看過或聽過筆跡的比對，經由筆跡的比對，可以知道某一個字是誰寫的，就可能可以作為證據。第五課談論了許多「閱讀」筆跡的方式。有時候無法得到書寫的文件，但可以從書寫文件時墊在下方的紙張留下的痕跡找到資訊。最後一個實驗，大家

可能也很有興趣，就是「偽鈔」的辨識，提供了許多偽鈔的特徵。下次拿到鈔票的時候，可以逐一檢視看看，一定很有趣。

《鑑識科學好好玩》這本書，提供了許多鑑識的技法，讓你可以學習並體驗一下當偵探的樂趣。如果工藤新一是你的偶像，或者你像我一樣崇拜福爾摩斯的話，可以試著照著書裡面的教學，一步一步的學習當偵探的技術。如果你喜歡自然科學，也可以從裡面學習各種提升觀察力的技巧，以及許多科學實驗的技術。提升了觀察敏銳度和技術，可以讓你看到別人看不到的世界，相信讀完、學完，會很有收穫。

歡迎來到鑑識科學的世界

　　好的偵探小說人人愛看。偵探小說會讓人渾然忘我，啟發我們無限的想像。但是偵探小說的情節並不是只發生在書籍、電視和電影裡。不幸的是，像搶劫、綁架等犯罪事件，在真實生活中也會發生。凡是違反法令的行為，就稱為「犯罪」。我們在新聞中不斷聽到犯罪事件的報導，當發現犯罪事件時，我們通常會想：「是誰幹的？」、「怎麼發生的？」，以及「有任何證據嗎？」你可能不知道，這些問題通常要靠科學來解答。

　　研究與犯罪有關的事物，稱為「刑事科學」，又稱為「鑑識科學」。與案件有關的事物稱為「證據」。鑑識科學家研究證據，希望這些事物能成為法庭上的證物。而刑事是指觸犯「刑法」或其他法律的情事。

　　分析證據時，鑑識科學家所做的工作，和一般科學家沒有任何不同：他們觀察、分類、比對、運用數字、測量、預測、解釋數據和推理，也就是根據證據提出合理的結論。鑑識科學是一門生氣蓬勃、永不休止的科學，不能放過任何蛛絲馬跡。

認識刑警與鑑識科學家

鑑識科學家的身分可能是刑警，也就是負責調查重大刑案的專業警官；也可能是縣市、地區警局鑑識實驗室的成員，與刑警合作辦案。有些鑑識科學家專門研究「犯罪學」（研究犯罪現象的學問）。有些則專精於「病理學」（研究死因和病因的學問）、化學、生物學、牙科、精神病學、心理學或工程學等領域。

大型的警政單位和國家級打擊犯罪的機構，例如美國聯邦調查局（FBI），擁有自己的鑑識科學團隊。在小型的警政單位中，警察常常要兼任鑑識科學家和偵查員。有些縣市在各地區設立許多「刑事實驗室」，協助地區警察辦案。以美國為例，全國共有約四百間鑑識實驗室，鑑識科學家與技術人員共超過四萬人。大多數鑑識科學家都有犯罪學或其他專精領域的大學學位。鑑識科學家平常也可能在大學的化學、生物學、人類學或犯罪學系工作，有必要時，才徵召他們與警方或當地鑑識實驗室合作辦案。

刑警在犯罪現場通常會做筆記、訊問證人，有時還要搜

集證據。鑑識科學家也會去現場搜集證據。接著將證據送到
「鑑識實驗室」分析（有時也稱為刑事實驗室）。實驗室裡
的鑑識科學家使用分類、比對、觀察和重建的技術來檢驗證
據。他們有時會進行「盲測」，意思是他們在不知道犯罪細
節的情況下分析特定問題。他們的研究結果揭露了這項犯罪
的更多真相，然後他們將研究結果交給刑警。這些證據會和
偵訊所取得的資訊合併在一起。接下來，與鑑識科學家合作
的刑警就負責根據證據進行推理，並偵破這起刑案。

如何使用本書 ·····························

　　本書有許多資訊與簡單的實驗，能讓你了解刑警和鑑識科學家如何利用科學破案。本書依照主題分為五堂課。每一課都有幾個好玩的實驗，每個實驗都列出了需要的材料，並且一步一步教導你怎麼進行。每個實驗之後都有解說，有些實驗還附加了「延伸活動」單元，讓你在原來的實驗之外，嘗試不同的變化。另一個「鑑識科學小百科」單元，讓你了解在該實驗中所學到的科學原理如何被用來偵破真正的刑案。書末的「關鍵字小辭典」會說明某些專有名詞的意義。

　　大多數實驗所需的器材，你可以在家裡或附近的大賣場、藥房、電器行或便利商店找到。想要成為優秀的刑警或鑑識科學家並不需要購買昂貴的儀器，你只需要敞開心胸、多發問，並努力尋找答案。畢竟，好的偵查就是靠著提出好問題，並找出最佳答案。

如何進行實驗 ‧‧

- 開始實驗之前，仔細閱讀指示，並搜集所有器材。

- 撰寫實驗記錄簿。記下你做實驗的過程和結果。

- 遵守實驗步驟相關的指示。凡是需要大人協助的部分，千萬別自己動手。

- 如果做實驗時，第一次沒有成功，請再試一次，或稍微改變實驗方法再做一次。實驗很少在第一次嘗試就成功的。

警告事項 ⋯⋯⋯⋯⋯⋯⋯⋯⋯⋯⋯⋯⋯⋯⋯⋯

　　某些科學實驗可能有危險。需要大人協助的實驗，就要找大人幫忙，尤其是需要用到火柴、刀子或書上注明危險的實驗。使用家裡的器材時，要徵求大人的同意，結束時要收拾實驗器材，並把實驗場地清理乾淨。好的科學家一定會小心翼翼，避免發生危險。記住，真正的偵查工作可能會很危險。只有跟朋友在一起，而且是安全的地點，才可以進行本書的實驗。

鑑識科學第一課
這很簡單啊，親愛的華生！

運用觀察力、創造性思考

請注意細節，沒有一件事是小事！

　　刑警與鑑識科學家最好的工具就是觀察力。觀察就是注意細節，並仔細的記錄下來。當刑警和鑑識科學家在犯罪現場搜集證據時，觀察是非常重要的。觀察的範圍包括犯罪現場找到的物品、證人的說詞、刑案發生的時間，以及當時的室內溫度等。他們要找出「線索」，也就是刑案或犯罪現場真實、可測量和可計數的觀察。

　　刑警一開始並不知道哪一個數據或證據最後會被證明是重要的，所以他必須觀察所有可能的線索。在犯罪現場，刑警與鑑識科學家必須攜手合作，確保搜集到所有可能的證據，以供進一步檢驗。如果證據沒有處理好、標示錯誤或遭到汙染，那麼無論在實驗室或法庭上，都會失去證據力。更糟的是，如果線索被忽略了，刑警也就失去了補救的機會。

　　除了進行觀察和搜集線索外，刑警還可以和證人談話。他也可以跟蹤某個被認為可能在刑案中有罪的人，也就是「嫌犯」。刑警利用這些資訊和鑑識實驗室得到的證據，提出有根據的推測，又稱為「假設」，推論出犯案手法和犯人是誰。刑警和科學家一樣，偵查過程中，必須保持開放的心胸，並尋求可以解釋刑案的假設。

實驗 1 觀察力訓練

有一天下午，媽媽到學校接你放學。回家之前，她必須先到銀行存款。媽媽和你兩個人在銀行櫃臺前排隊等候。突然，有一位銀行行員尖叫道：「搶劫！」事件過後，你在隊伍中所看到的事物可能對這起搶案的偵查有幫助。使用你的觀察力，看看你能記住多少。

 實驗器材

- 原子筆或鉛筆
- 計時器
- 紙
- 右頁的圖

實驗步驟

1. 計時三十秒，觀察下一頁的圖。觀看所有你認為重要的

事物。

2. 三十秒後，將圖片蓋上，並回答下列問題。把答案寫在
   紙上。

3. 你是個優秀的觀察者嗎？請比對你的答案和圖。

請回答以下問題

1. 鐘上的指針指的是什麼時間？

2. 當天是幾月幾號？

3. 描述一下排在隊伍最前面的人。是男人還是女人？有沒有戴帽子？這個人穿什麼衣服？你可以說出他有多高嗎？有任何特徵嗎？

4. 你在圖中有注意到任何不尋常的事物嗎？

延伸活動

重複進行本實驗，但這次要隔一天不看這張圖，等第二天再回答這些問題。經過二十四小時後，圖中的細節你還能記得多少？

實驗解說

當你觀察時，你會為眼中所見的影像創造出自己腦中的圖像。你眼中所見的影像必須傳到大腦，之後才能再回想起來。你會在本實驗中發現，這個過程中有很多犯錯的機會。你第一次觀察這張圖時，可能沒有注意到一些細節。或者你

雖然有觀察到這些細節，但是當時你不覺得它們重要到必須記住。

如果你做了「延伸活動」的實驗，你會發現時間會影響記憶。我們觀察到的事物大多儲存在短期記憶中，只會在幾個小時，甚至只在幾分鐘內記得它們。

然而，如果觀察結果儲存到了長期記憶中，我們可能會在好幾年後還記得。一而再再而三重複做一件事，會幫住我們記住這件事。另一個幫住記憶的方法，是把這件事和另一件事連結。舉例來說，大多數的人無法憑記憶畫出波蘭地圖。但是畫義大利地圖時，大多數人畫得還不錯。為什麼？因為義大利的形狀很像一隻靴子。我們牢牢記住義大利的形狀，因為我們把它和一個常見的形狀連結在一起。

以下練習，也可以提升觀察力：觀察百貨公司的櫥窗三十秒，然後走開，並寫下你看到的每樣物品。接著，與櫥窗的真實擺設比對，寫下你遺漏的物品。如果持續練習，觀察力就會大大進步。

實驗 2 　神祕盒

　　好的觀察涉及所有感官，也就是大腦及神經透過視覺、聽覺、嗅覺、觸覺與味覺對周遭世界的反應。視覺只是其中一種感官。鑑識科學家、刑警或證人聽到、聞到、感覺到或嘗到的，也可能是重要的線索。試著進行以下實驗，讓你增進視覺以外的觀察技巧。

 實驗器材

- 空的鞋盒，或類似的有蓋盒子
- 朋友
- 不同材質做成的各種物品，例如橡皮球、捲筒衛生紙、金屬瓶蓋、肥皂、塑膠玩具、水果丁（如蘋果、香蕉或橘子等）。請你的朋友準備，但不要讓你知道他準備了什麼

📝 實驗步驟 ....

1. 離開房間。

2. 請你的朋友將幾件物品放入鞋盒中，並蓋好蓋子。

3. 回到房間裡，在不打開蓋子的情況下，猜出盒子裡有幾件物品，以及這些物品是什麼材質做的。如果可能的話，猜出是哪些物品。為了成功猜出物品的數目和種類，你可以傾斜、搖晃或嗅聞盒子。

4. 猜完之後，打開盒子，看看你猜對幾樣。哪項物品最容易猜？哪項物品最難猜？

5. 改放別的物品在盒子裡，重複以上步驟。換你的朋友猜猜看。

延伸活動

為了提高你的**觸覺**能力，請朋友先蒙住你的眼睛，然後把其中幾項物品放在你的面前。首先，不要把物品拿起來，只能用摸的。你能辨識它們嗎？接著，在蒙住眼睛的情況下，將你沒辦法辨識的那幾樣物品拿起來。現在你能說出它們是什麼了嗎？最後，把蒙住眼睛的布拿下來，看看你猜對幾項？

更換物品，重複本實驗，但是這次換成你的朋友蒙住眼睛。

🎯 實驗解說

　　鑑識科學家和刑警調查刑案時，一定要把五種感官全都用上。他們通常用視覺觀察犯罪現場，並記下所看到的一切。但是其他四種感官──聽覺、嗅覺、觸覺和味覺，也會提供鑑識科學家一些資訊，這些資訊可能會成為重要的證據或線索。例如杯子裡有淡淡的苦杏仁味，可能意味著這杯飲料被人用氰化物下了毒。證人聽到的三聲巨響可能是槍響，也可能只是汽車啟動失敗的聲音。

　　你可以利用以下練習，增進其他感官的靈敏度：找一個溫暖的春天，坐在公園的長椅上。閉上眼睛，並觀察四周發生的事。你能辨識出五種以上的聲音嗎？你能辨識出三種以上的氣味嗎？

實驗 3　犯罪現場

　　在犯罪現場第一時間所做的調查是否遵循正確程序，將成為能否破案的關鍵，這種說法一點也不誇張。試著經由下列實驗學習犯罪現場的一些處理程序。

 實驗器材 ··

* 你的臥室或是你家的另一個房間
* 照相機（非必要）
* 原子筆或鉛筆
* 數個塑膠袋
* 數張白紙
* 筆記本
* 馬克筆
* 捲尺
* 膠帶

📝 **實驗步驟** ┈┈┈┈┈┈┈┈┈┈┈┈┈┈┈┈┈┈┈┈┈┈┈┈

1. 假裝你所選定的這個房間發生了刑案。假設房間裡的某項物品被偷了。

2. 務必保全現場的完整。在一張紙上用馬克筆寫上「警方調查中，請勿進入」。用膠帶把這張紙黏在房間入口處。

3. 用筆記本記下你在房間內觀察到的細節。記住，當你在犯罪現場進行調查時，你不可能知道哪一條線索重要，哪一條不重要。你所找到的線索，每一條都要記下來。如果有照相機，為房間拍幾張照片。

4. 在另一張紙上，用筆畫下房間的草圖。用捲尺測量房間的尺寸，在草圖上記下每一項測量結果。畫出門窗的位置和家具擺設的位置。

5. 仔細檢視這個房間。在筆記本上記下你觀察到的細節。在房間草圖上標示重要物品的位置。

6. 開始尋找物證。物證包括毛髮和纖維、杯子或任何可能

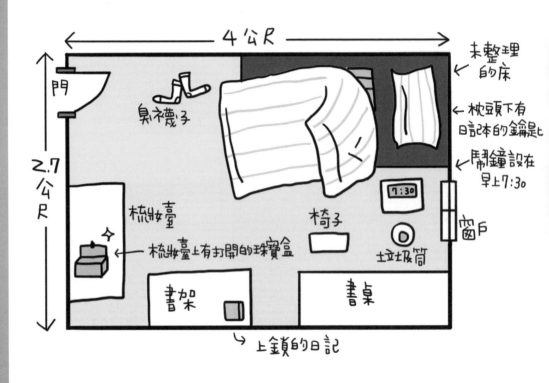

留下指紋的物品、日記或筆記本，或任何你認為可能重要的東西。檢視垃圾桶，裡面的東西透露了什麼訊息？

7. 用塑膠袋保存每一項物證，稍後可以利用你在本書第二、三、四課學到的步驟進行檢驗。

實驗解說

在犯罪現場的首要任務就是要保全刑案現場的完整。通常第一個抵達的警察要負起這個責任。如果現場有人受了傷，這位警察應該提供協助，並呼叫救護車。

許多刑案都是由值班的警察負責調查，但如果是重大刑案，例如有人受重傷，或珍貴的物品失竊，則會指派刑警負責。刑警除了接受一般警察的訓練外，通常還要接受額外的訓練，學習如何偵查刑案。當刑警抵達時，他會利用攝影、繪製草圖和寫筆記等方式記錄現場。

刑警或鑑識科學小組的人員會搜集物證。現場搜集到的

物證會放入標有標籤的袋子或容器中，送到鑑識實驗室進行進一步化驗。

現場的調查人員必須非常小心的搜集並保全所有物證，記下觀察到的所有細節。這些證據稍後將用來破案。

 鑑識科學小百科

在犯罪現場發現不尋常的事物時，根本不可能即刻就知道它對調查重不重要。在一九九四年，有一位刑事昆蟲學家（研究昆蟲的科學家）姬兒·安德生（Gail Anderson）被保護野生動物的執法警察徵召，這些警察要努力遏止盜獵（沒有執照或在非狩獵季節殺害野生動物）。在加拿大卑詩省，盜獵者通常會殺害黑熊，取走牠們的膽囊，那是一種體積很小的內臟，在某些國家，熊膽可以賣到很高的價格。

鑑識人員在被盜獵的黑熊身上發現一些昆蟲。安德生博士知道，昆蟲由卵到成蟲的發育過程，分成幾個特

定的階段。經由檢視這些昆蟲的發育階段並倒溯回去，
她就能大約判斷黑熊被殺死的確切時間，專門協助保育
動物的警察因此能把調查對象鎖定在當天出沒在某個地
區的某幾個人。黑熊身上找到的昆蟲證據最後幫助警方
逮捕了盜獵者。

實驗 4　訊問證人

　　調查過程中，刑警花費許多時間訊問證人和偵訊嫌犯。如果每個人說的情節都一樣，刑警就有信心自己聽到的是本案的實情。但是人們時常說謊，或誤以為自己說的是真相。試著經由下列實驗，看看你訊問證人的技巧有多好。

實驗器材

- 原子筆或鉛筆
- 數名朋友
- 筆記本
- 時鐘或手錶
- 將右頁影印成單張紙本

 實驗步驟 ·······································

1. 請你的朋友都離開房間,只留下一個人。

2. 把上一頁插圖的影本拿給留在房間裡的朋友。

3. 用鐘或錶計時一分鐘,給你的朋友看這張圖,然後把圖拿走。

4. 詢問你的朋友記得圖裡多少資訊。問他一些問題,例如「圖裡有多少人?」或「你有注意到什麼不尋常的事物嗎?」把答案記在你的筆記本裡。

5. 請其他朋友重複進行上述步驟,一定要確認每一位朋友都沒有聽到其他人的回答。

6. 比較朋友們的回答。他們提到了多少細節?是不是有些人的陳述與其他人的陳述互相矛盾。

延伸活動 ·······································

在派對或家庭聚會中,安排一樁假的刑案,看看客人中

有沒有人能查出犯人是誰？你可以指使某人「偷走」書架上的書或拿走燭臺。在刑案發生一段時間後，選定幾位客人當證人，並隔離訊問每一個人。比對他們的觀察有沒有不同？他們的觀察力有沒有好到能指認誰是「小偷」？

🎯 實驗解說

訊問刑案的證人時，刑警可以用幾個問題取得有關嫌犯的描述與資訊。有些典型的問題包括：嫌犯是什麼性別、種族？年齡大約幾歲？他的身高、體重是多少？頭髮、眼珠和皮膚各是什麼顏色？你有注意到任何疤痕或刺青嗎？嫌犯有戴眼鏡或留鬍子嗎？聲音聽起來如何？嫌犯的穿著如何？嫌犯做了什麼動作？

如果有不尋常的資訊，訊問者一定要仔細聆聽。通常這些問題會使受訊問的人供出另一個人，也就是說這個人可能有意或無意揭露涉入刑案的其他人。

訊問者在訊問證人時，應該要保持公正。這表示訊問

時，不應該揭露自己的意見或感覺。也得小心不要引導證人
說出不真實的內容。

　　訊問證人及其他偵查刑案的方法，與一般科學研究的方
法很類似。通常科學家在進行實驗之前，會先有自己的想
法。因為希望透過實驗得到支持自己想法的證據，所以有時
很難保持客觀。而這也說明了為什麼兩個科學家在看到相同
的實驗證據時，可能因為解讀時扭曲了相關資訊，進而得到
相反的結論。所以，無論是偵查刑案或進行實驗，科學家一
定要保持開放的心胸，準備面對出乎意料的數據。

實驗 5

跟蹤嫌犯

　　有時在調查期間，刑警必須跟蹤嫌犯。這名嫌犯可能會與其他嫌犯接觸，過程中可能幫助刑警找到更多證據。試著在學校或其他安全的場所進行下列實驗，測試你的跟蹤能力。

實驗器材

- 手錶或其他計時工具
- 原子筆或鉛筆
- 筆記本
- 數名朋友

實驗步驟

1. 找幾個朋友，告訴他們下星期的某個時間，你可能會跟

蹤他們其中一人，作為實驗的一部分（預告他們你要進行跟蹤，會使你的任務變困難，但可以避免他們感到尷尬）。

 注意!　請在學校或其他安全的場所進行跟蹤，千萬別獨自一人到處亂闖。

2. 挑選一天，選擇其中一人跟蹤一小時。用你的筆記本記下他的活動，以及他見過的任何人。你記下的每一條訊息都要標明發生時間。

3. 跟蹤行動結束後，檢視你的筆記。有沒有令你感到意外的活動？每一次他和別人見面時，你能清楚的掌握他們做了什麼事嗎？那個人有沒有發現你正在跟蹤他？

延伸活動

　　刑警很少自己一個人跟蹤嫌犯。他們通常以團隊合作進行跟蹤，才不會讓嫌犯起疑心。第一名刑警離開後，通常由第二、第三或第四名刑警接手繼續跟蹤。你可以試著用團隊

合作的方式，跟蹤其中一名朋友。

實驗解說

　　要跟蹤一個人又不被發現，是有點困難的。當嫌犯一再重複看到某個人，尤其是陌生人時，他的頭腦就會警覺到有些不尋常的事發生了。他會變得更小心，也會想弄清楚是不是真的有人在跟蹤他？所以警方才會用團隊合作的方式跟蹤。第一個人跟蹤嫌犯一小段路程，然後由第二、第三，甚至第四名刑警接續跟蹤。嫌犯不會一直看到同一個人，就不會警覺到有些不尋常的事發生。

　　跟蹤是監視的方式之一。「監視」這個字來自法文的surveiller，就是「看守」的意思。基於許多理由，警方會執行監視。為了取得資訊或甚至逮捕嫌犯，他們可能會監視嫌犯的居家或工作場所。這種行動有時又稱為「盯梢」。他們會跟蹤嫌犯以取得其他資訊，如嫌犯的習慣、每天的作息時間、與人聯繫的方式、工作地點、居家住址或使用的交通工具等。

　　刑警可以利用觀察嫌犯所搜集到的資訊，提出一套假設或說法，就像科學家利用資訊，提出一套關於實驗的假設。舉例來說，如果嫌犯每天在同一時間會和同一個人碰面，而且看到嫌犯傳小紙條給那個人，那麼刑警就可以假設嫌犯涉及賭博，那些小紙條就是下注的簽單。接下來，刑警就會繼續調查，看看這個假設正不正確，就像科學家會透過實驗判定假設正不正確。

鑑識科學第二課
請問，這是你掉的東西嗎？

調查遺落在
犯罪現場的物品

搜集證物，比對分析！

調查刑案時，執法人員必須搜集證據。稍後，在法庭上，這些證據與證人的供詞將用來證明確實有刑案發生，並讓犯下罪行的人被定罪。「定罪」是指在法庭上，因為犯下罪行而被判定有罪。

一九一〇年，里昂大學的愛德蒙・路卡（Edmond Locard）首次體認到在破案和定罪方面，證據有很高的價值。他提出一個和證據有關的理論，稱為「路卡交換原理」。根據這個原理，罪犯一定會從犯罪現場帶走微量物質，也一定會留下微量物質。路卡交換原理是鑑識科學的基礎。鑑識人員的工作就是找出「微物跡證」，讓鑑識科學實驗室能分析和比對這些證據，然後推敲犯罪現場發生了什麼事。

唇印辨識

塗口紅的女士通常會在玻璃杯上留下唇印。調查犯罪現場時，這類唇印會被採集作為證據。利用下列實驗學會如何利用唇印破案。

 實驗材料

- 口紅（深色的效果比較好）
- 原子筆或鉛筆
- 白紙

實驗步驟

1. 將你的雙唇塗上口紅。抿唇，讓口紅散布均勻。

2. 對摺白紙。

3. 把對摺的紙放在雙唇之間，雙唇緊壓紙的上下兩面。小

心不要讓嘴脣在紙上滑動，否則脣印會糊掉。

4. 取出白紙，並打開對摺處。在紙上簽名，表示這個脣印是你的。

5. 檢視你的脣印。你注意到什麼？有沒有什麼特點可以讓你認出這是你的脣印？

延伸活動

收集數個朋友的脣印。記住要在脣印旁寫上他們的名字。接下來你離開房間，請朋友推派其中一位在玻璃杯上留下脣印。你能辨識是誰的脣印嗎？

實驗解說

要辨識一個人有許多方法。其中一種稱為「脣印辨識」，就是研究脣印。每個人的脣印都是獨一無二的，並且一生都不會改變。雖然在犯罪現場，脣印不如指紋那麼普遍，但是在玻璃杯、咖啡杯，甚至信紙上找到的脣印，都可

能是珍貴的證據。不過脣印的另一個問題是，它在法庭上的可信度尚未完全確立，只能做為參考。

通常脣印分為八種模式。其中最常見的五種如下。

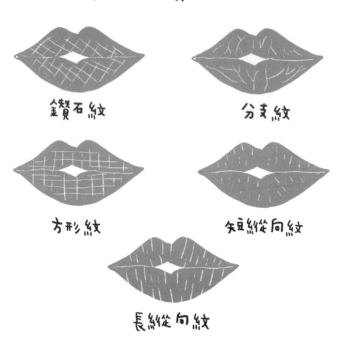

常見的脣印模式

鑽石紋　　　　　　分支紋

方形紋　　　　　　短縱向紋

長縱向紋

鑑識科學小百科

　　在加拿大溫哥華有一名盜匪正準備進入銀行搶劫。他一手持槍，另一手提著準備裝贓款的袋子，於是沒有多餘的手拿字條，這張字條上寫著「搶劫！交出所有的現金」。所以他把字條放在雙脣之間，用嘴巴含住。搶劫行動進行得很順利，沒有遭到任何阻撓，但是搶劫銀行的匪徒不久之後就被逮捕並定罪，部分原因就是他在字條上留下了明顯的脣印。

採集指紋

　　幾百年前，人們就發現每個人的指紋都有一點點不同。幾個世紀之前，中國和日本的皇帝會在公文上按捺指紋，證明這些公文是真的。但是直到十八世紀末，指紋才被用來指認嫌犯。了解指紋與指紋辨識的第一步，就是仔細檢視你自己的指紋。

 實驗器材

- 透明膠布
- 數張白紙
- 馬克筆
- 放大鏡
- 鉛筆
- 印臺
- 朋友

✏️ 實驗步驟 ··

1. 用放大鏡觀察你的指尖，檢視你皮膚上的紋路。那就是你的指紋。你能用文字形容你的指紋嗎？

2. 採集你的十指指紋。有兩種簡單的方法可以採集。

方法 1

a. 一次用一隻手指按在印臺上，小心，手指頭別沾上太多墨水。

b. 請朋友幫忙按捺指紋。請他穩穩抓住你的手，一次把一隻手指頭壓在乾淨的白紙上，並從左到右滾動。小心別把指紋弄糊了。

c. 用馬克筆標出每一枚指紋是取自哪一隻手指頭：姆指、食指、中指、無名指和小指。

方法 2

a. 用鉛筆的筆尖在乾淨的白紙上來回數次，畫出一小塊由鉛筆芯碳粉推疊而成的黑色區塊。

b. 每次把一隻手指頭按在這堆碳粉上。換手指之前，如果碳粉不夠了，可以再用鉛筆的筆尖在紙上塗畫。

c. 把每一隻沾了碳粉的手指按在透明膠帶有黏性的那一面上。

d. 把有指紋的膠帶貼在另一張白紙上。

e. 用馬克筆標出每一枚指紋是取自哪一隻手指頭。

3. 用放大鏡檢視利用兩種方法採集的指紋。

延伸活動

用兩種不同的方法採集每一位朋友的十指指紋。一套指紋用一張紙，並標示清楚那是什麼人的哪一隻手指。接著請每一位朋友在另一張新的紙上按下一枚指紋。這次不要標示這些指紋。隨機從這些紙中抽出一張。利用已標示的指紋比對，試著找出這枚未標示的指紋是誰的。有沒有什麼祕訣可以比較容易比對成功？

請師長安排，讓你到本地警察局參觀警察如何採集指紋。他們用的方法和你剛才學會的兩種方法有什麼不同？

實驗解說

我們的手掌（以及腳底）的皮膚蓋滿了隆起的微細線條，稱為「脊紋」。有了脊紋，人們才能輕易的拿起並遞交物品。每一個人，即使是長得一模一樣的雙胞胎，他手上或腳上的脊紋圖案也與別人的完全不同、獨一無二。而且每個人的每一隻手指或腳趾的脊紋也都獨一無二，與其他手指或

腳趾完全不同。

這些脊紋圖案轉印到物體表面上，就形成了「指紋」。因為手和腳會分泌液體，主要成分是汗和油，這些液體會在任何我們摸過的物體上留下脊紋圖案的痕跡，於是產生了指紋。

指紋在下列三種情境中可做為珍貴的證據。第一，指紋可以確認一個人的身分。當一名犯人遭到逮捕時，可以採集他的指紋，再和其他指紋交叉比對。這樣可以證明這名犯人是誰，並且知道他有沒有犯罪紀錄，或他有沒有被警方通緝。第二，一名被拘留的嫌犯，他的指紋可以和犯罪現場留下的指紋比對。第三，鑑識科學家可以用犯罪現場留下的指紋和已知的罪犯做比對，已知罪犯的指紋早已被警方建檔。

實驗 8　指紋分類

由前一個實驗，你可能已經體會到辨識指紋其實滿困難的。指紋很小，卻擠滿很細的紋路。鑑識科學家利用一套分類系統簡化了辨識指紋的程序。利用下列實驗，學習如何將指紋分類。

 實驗器材

- 放大鏡
- 你自己和朋友們的十指指紋
  （參看「實驗 7 採集指紋」，用兩種方法採集指紋）

實驗步驟

1. 利用放大鏡觀察採集的指紋。你有沒有注意到那些指紋有什麼共同的特徵？你能不能把指紋分成幾類，讓辨識程序變簡單？

2. 看看右圖中這些常見的指紋模式。注意弧形紋和箕形紋又分為好幾種形式，而且可能向右或向左彎曲。

3. 試著以你收集到的指紋與常見指紋模式比對，看看它們各屬於哪一種形式。

🎯 實驗解說 ⋯⋯⋯⋯⋯⋯⋯⋯⋯⋯⋯⋯⋯⋯⋯⋯⋯⋯⋯⋯⋯⋯

　　有許多方法可以將指紋分類。在本實驗中，你已經試過最簡單的方法之一了。比較複雜的分類系統，會再把常見的指紋模式分成更細的幾組。例如，鑑識科學家又把弧形紋分成一般弧形紋（弧形比較圓）和帳形紋（弧形比較尖）。箕形紋又分為反箕形紋（箕形開口朝向拇指）和正箕形紋（箕形開口朝向小指）。同樣的，斗形紋也分成好幾種。

　　更複雜的分類系統，例如亨利指紋分類系統，是為了比較指紋而研發出來的。「亨利指紋分類系統」使用數字系統將指紋特徵和其取自何種類型的手指及手分類。偵查人員比對指紋時，只要把這枚指紋和有相同數字的指紋做比對，不

常見的指紋模式

弧形紋

巾長形紋

反箕形紋

正箕形紋

斗形紋

囊形紋

雙箕形紋

雜形紋

必把嫌犯的指紋和檔案裡的指紋逐一比對。

　　過去，指紋是靠人工比對的。整個過程緩慢又耗時間。現在電腦可以掃描指紋，並和許多警方機構（如美國聯邦調查局）收集的龐大檔案做比對。這個系統稱為「指紋自動比對系統」（簡稱 AFIS）只需很短的時間就可以比對完成。舉例來說，過去使用人工比對指紋時，要耗費數年時間比對的案子，AFIS 只花了兩分鐘就完成了。

　　不過 AFIS 和所有指紋辨識系統都有一個缺點，就是檔案資料不足。如果犯人的指紋沒有在檔案中，這套系統就完全沒用。

實驗 9) 以粉末法採集指紋

　　鑑識人員要如何辨識留在犯罪現場的指紋？他們一定要把指紋取下來，帶回鑑識實驗室和檔案裡的其他指紋比對。要找到指紋的位置，其中一種方法就是「粉末法」。利用指紋吸附粉末的原理，在指紋上覆蓋粉末，然後取走，帶到實驗室進一步辨識。試著利用以下實驗學習如何使用粉末法取走指紋。

 實驗器材

- 五張淺色的色紙
- 細水彩筆
- 透明膠帶
- 玻璃杯
- 可可粉

實驗步驟 ··

注意！ 皮膚上的油脂愈多，指紋愈清晰。為了讓你的指紋更清晰，
在按捺指紋前，用手指沿著鼻梁或順著頭髮摩擦幾下。

1. 一次用一隻手指頭按壓玻璃杯。

2. 在玻璃杯上撒可可粉，覆蓋在指紋上。

3. 用細水彩筆輕輕的刷有粉的地方。當你刷掉可可粉之
   後，應該會看到指紋。

4. 為了採集指紋，把一段透明膠帶黏貼在撒過粉的指紋
   上，再小心的撕下來。沾到粉末的指紋應該會黏在膠帶
   上。

5. 把每一段膠帶分別貼在一張淺色的紙上。

🛩 延伸活動 ·······

　　試著在別的平面上採集指紋。把指紋按壓在各種不同的平面上，如木頭、硬紙板、鋁箔、光滑的紙、粗糙的紙、布料、玻璃、塑膠袋和金屬。在深色的平面上撒滑石粉，在淺色的平面上撒可可粉。撒滑石粉的指紋要貼在深色的紙上，

撒可可粉的指紋要貼在淺色的紙上。粉末法可以讓你在哪些平面上採集到可供辨識的指紋呢？

 注意！ 小心不要吸入滑石粉，因為它會刺激呼吸道。

🎯 實驗解說

如果犯人的手上有灰塵、油漆或其他物質，他的指紋將清晰可見，稱為「可見指紋」。然而，有的指紋可能很不容易看見，必須用化學藥劑或粉末處理才能看見，稱為「潛在指紋」。在這個實驗中，你學會了利用粉末法使「潛在指紋」變成「可見指紋」。

光滑、平坦又堅硬的平面最適合用粉末法處理潛在指紋。粗糙或太有彈性的平面不適合使用粉末法。

鑑識科學家用來撒在潛在指紋上的粉末有好幾種。其中最常用的有兩種：

1. 植物炭黑，是一種很細的碳粉，類似你在「實驗 7 採集指紋」中所用的鉛筆芯粉末，適合在淺色的平面上使用。

2. 鋁粉，一種很細的白色粉末，適合在深色的平面上使用。

　　鑑識科學家會視指紋所在平面的顏色，選擇對比色的採集粉末。這樣會讓撒過粉的指紋看得更清楚，也比較容易拍照作為證據。

　　鑑識科學家也會在指紋粉末中加入其他化學藥劑，如鉛、鎘、銅及汞，使粉末更容易黏在潛在指紋上。也可以在指紋粉末中加入螢光和磷光藥劑，這樣沾上粉末的指紋就可以在黑暗中發光。

實驗
10

粗糙平面上的指紋

　　從「實驗9以粉末法採集指紋」，你已經知道有些平面比較容易採集指紋，有些比較難。在有些平面上，即使撒了粉也不容易看見潛在指紋。然而，鑑識科學家發明了一些新的方法，可以在很難採集指紋的平面上，讓指紋顯現出來。試著利用以下實驗，學習在粗糙平面上採集指紋。

 實驗器材

- 三秒膠（或任何含有氰丙烯酸酯的黏著劑）
- 兩張邊長 7.5 公分的正方形鋁箔
- 有蓋的瓶子或其他密閉容器
- 計時器

實驗步驟

1. 打開瓶蓋，讓瓶子側躺。

2. 用指尖沿著鼻梁或順著頭髮摩擦，這樣才會多沾上一些油脂。

3. 用沾了油的指尖在鋁箔上按壓，然後把鋁箔放進瓶子裡。

4. 在另一張鋁箔上擠一點三秒膠。把這張鋁箔放入瓶內第一張鋁箔的旁邊。

注意！　別讓三秒膠黏到你的手。需要大人從旁協助。

5. 蓋上瓶蓋，靜候三十分鐘。

6. 觀察第一張鋁箔，就是你用指尖按壓過的那張。你看到什麼？

延伸活動

用其他材質的平面進行本實驗。把鋁箔換成正方形的硬紙板、木頭、布料，以及其他在「實驗 9 以粉末法採集指紋」中不容易採集到指紋的材質，然後重複本實驗。

實驗解說 ....

　　用一般的方法，如粉末法，無法看到留在鋁箔上的指紋，必須動用化學藥劑。其中一種可用的藥劑是氰丙烯酸酯，也就是三秒膠或其他類似產品裡的主要成分。在本實驗中，三秒膠裡的氰丙烯酸酯會揮發到空氣中，因為被困在瓶子裡，藥劑只好黏在指紋的油脂上，並且變硬。當愈來愈多的氰丙烯酸酯分子在指紋上硬化，我們就可以看見指紋，並輕易的辨識它。

　　還有其他化學藥劑可以顯現特定平面上的潛在指紋。有一種藥劑稱為寧海德林，會和指紋中的蛋白質反應，產生紫色的指紋。要在紙或其他多孔平面上採集指紋，例如未上油漆的木頭和石膏，適合使用寧海德林法。要在紙和布料這類粗糙、會吸水、淺色的表面採集指紋的話，適合使用碘燻法。碘蒸氣會溶入指紋裡的油脂，讓指紋變褐色。

鑑識科學小百科

在一九〇二年時，指紋首度成為破解謀殺案的主角。住在法國巴黎的約瑟夫・雷貝爾（Joseph Reibel）被人發現陳屍在他的公寓裡。負責調查這個案子的警探是阿豐斯・白提龍（Alphonse Bertillon），他是最早懂得搜集並記錄犯人的指紋等生物特徵的警探之一。白提龍在刑案現場的櫥櫃裡找到破碎的玻璃，在地毯上找到血跡。顯然入侵者不小心割傷自己，而且不知不覺中，在幾片玻璃上留下了指紋。以玻璃上的指紋和幾個已知的罪犯做比對，白提龍發現它們和紀錄卡裡亨利一李昂・雪佛（Henri-Léon Scheffer）的指紋相符，他曾經因為詐騙案被定罪。警方逮捕了雪佛，他因為良心不安而後悔不已，立刻承認犯下這起謀殺罪。

辨識聲紋

　　如果偵查人員有錄音檔，他們可以使用聲紋辨識音檔中的人，就像使用指紋一樣。「聲紋」是一個人的說話聲音所呈現的聲音波形和變化。聲紋和指紋一樣是獨一無二的。利用下列實驗模擬你的聲紋。

 實驗器材 ···

- 喇叭（要能與錄音筆或手機連接）
- 邊長 6 毫米的正方形鏡子
- 錄音筆或手機
- 手電筒
- 黏著劑

 使用喇叭要徵得大人同意。

📝 **實驗步驟**

1. 把鏡子黏在喇叭上，大約位於喇叭中心點到邊緣的一半位置上。

2. 利用錄音筆或手機的錄音功能，錄下你的聲音。

3. 請大人將喇叭與錄了你的聲音的錄音筆或手機連接。

4. 關掉房間的燈，拉上窗簾，然後用手電筒對準鏡子照射。注意看鏡子反射的光線照在牆上的什麼位置。

5. 播放錄音檔。反射在牆上的光點有什麼變化？

🎯 **實驗解說**

　　聲紋可以用來辨識錄音檔裡的聲音。在本實驗中，錄下的聲音會被傳送到喇叭，並產生振動。以你的嗓音說出的那些話語，所產生的振動是獨一無二的。這些振動使喇叭和黏在上面的鏡子跟著振動，反射在牆上的光點也跟著動。如果你能把光點移動的路線連接起來，就會得到和聲紋非常類似

的線段。利用這些線段，可能可以辨識出這些聲音是由誰、或由什麼東西發出的。

　　鑑識科學家利用聲紋和錄下的各種聲音做比對。他們通常會請嫌犯說出十個最常用的詞，錄成一段 2.5 秒的錄音檔。然後以嫌犯的聲紋和紀錄中的聲紋做比對，比對結果可以當成刑案的證據。

 鑑識科學小百科

　　第一次應用聲紋的案例發生在美國康乃迪克州，當時靠聲紋證明了一名嫌犯的清白。這名嫌犯是男性，他被控以電話威脅某一戶人家。受害者堅稱電話是這名嫌犯打的，但是嫌犯反駁說他是清白的。偵查人員將電話和嫌犯的聲音都錄了音。電話錄音的分析顯示那些電話是分別由兩個不同的人用假聲說話。嫌犯隨即被釋放，而那兩名有罪的人則遭到逮捕。

實驗 12　毛髮採樣

遺留在犯罪現場的毛髮可能是刑案調查的重要證據。一根毛髮可以透露毛髮主人的年齡、性別和種族。用顯微鏡檢視犯罪現場找到的毛髮，可以證明嫌犯當時人在現場。不一定所有的毛髮證據都必須是人的毛髮，舉例來說，搶案現場發現的貓毛可能與嫌犯外套上的貓毛相符。藉由以下實驗學習如何在調查中把毛髮當成證據。

 實驗器材

- 從數個人或動物身上取得的數根毛髮
- 馬克筆
- 放大鏡
- 透明膠帶
- 顯微鏡（非必要）
- 數張白紙

- 原子筆或鉛筆
- 筆記本

實驗步驟

1. 由數個人身上取得數根毛髮。你可以從梳子上取得這些毛髮，或在對方允許下，從他的頭上剪下或拔下頭髮。

2. 將每根頭髮用膠帶分別黏在不同的紙上。用馬克筆標示這根頭髮是誰的、用什麼方法取得的。

3. 用放大鏡檢視每根頭髮，如果有顯微鏡，可以用顯微鏡進一步檢視。把觀察結果記錄下來。

延伸活動

　　請朋友從提供你頭髮樣本的人當中選出一位，再向他要另一根頭髮。利用你標示的樣本和放大鏡或顯微鏡，比對所有的樣本，你能不能辨識出這是誰的頭髮？

實驗解説

任何實驗室在檢驗毛髮證據時的第一步，一定是先判定這是不是人的毛髮。為了完成這項工作，首先以這根毛髮和已知的人類樣本做比對。第二步是記下這根毛髮的特徵，如長度、直徑以及顏色，包括顏色的分布（頭髮的末端可能顏色較淺），以及是否有染色或漂白的證據。

由頭皮上拔下來的頭髮髮根（頭髮在皮膚表面下生長的膨大部分）通常會黏著一部分組織，和剪下、斷裂或自然脫落的頭髮都不同。利用鑑識技術，如血液分析和 DNA 鑑定（參看「實驗 27 DNA 鑑定」），就能靠這一團組織辨識出頭髮的主人。

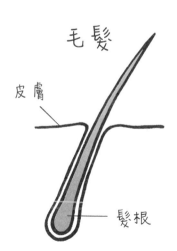

毛髮

皮膚

髮根

鑑識布料纖維

　　布料纖維和毛髮一樣，都是遺留在犯罪現場最常見、可以作為微物跡證的物品之一。為了確認嫌犯有沒有出現在現場，鑑識科學家分析、辨識和比對布料纖維。舉例來說，在犯罪現場窗框上找到的一根羊毛，可能和嫌犯家中找到的一件毛衣相符。試著利用下列實驗找出在調查過程中，纖維如何作為證據。

 實驗器材

- 幾種不同的布料，包括一些天然纖維（如棉和羊毛），以及一些合成纖維（如尼龍和嫘縈）
- 顯微鏡（非必要）
- 原子筆或鉛筆
- 透明膠帶
- 數張白紙

- 馬克筆
- 放大鏡
- 筆記本

注意! 如果你想使用舊衣服進行本實驗,一定要先取得大人同意。

實驗步驟

1. 從幾塊布料上拔下一些纖維。

2. 將每一根纖維用膠帶分別黏在不同的紙上。用馬克筆標示每一根纖維是來自什麼布料、用什麼方法取得。

3. 用放大鏡檢視每根纖維，如果有顯微鏡，可用顯微鏡進一步檢視。把觀察結果記錄下來。

延伸活動

請一位朋友從其中一塊布料拔下一根纖維，但是不要告訴你是從哪一塊布料拔下來的。利用你標示的樣本和放大鏡或顯微鏡，你能辨識那是什麼纖維，以及是從哪一塊布料拔下來的嗎？

實驗解說

纖維的來源有四種：動物、植物、礦物和人造。最常見

的動物纖維是綿羊毛、喀什米爾羊毛和蠶絲。最常見的植物纖維是棉。石綿是唯一的礦物纖維（石棉因對人體肺部有害，臺灣自二〇一八年起全面禁用）。在美國，人造纖維在所有紡織品中占了約 75%，也是鑑識實驗室最常調查的纖維。依照化學成分、纖維形狀、粗細、添加物和製造方法不同，人造纖維的種類超過千種。

和毛髮一樣，纖維也是重要的微物跡證。鑑識科學家會用吸塵器搜集在犯罪現場找到的纖維、毛髮和灰塵。接下來，這些物質會被帶到鑑識實驗室進行分析，並與已知的樣本進行比對。如果犯罪現場找到的纖維和嫌犯的車上或家裡找到的纖維相符，偵查人員就可以認定嫌犯與犯罪現場有關。

鑑識紙纖維

　　刑警調查刑案時，會尋找可以讓嫌犯和犯罪現場產生關連的物質。垃圾筒裡找到的一根燃燒過的火柴，可以提供令嫌犯和犯罪現場產生關連的證據。利用下列實驗學習如何利用一根撕斷的紙火柴上的紙纖維，協助鑑識科學家破案。

 實驗器材 ···

- 三盒全新的紙火柴
- 放大鏡
- 鉛筆
- 紙

 實驗步驟 ···

 注意!　實驗過程中不要點燃火柴。本實驗需要大人陪同。

1. 從每一盒紙火柴撕下一根火柴。

2. 用放大鏡檢視每一根撕斷的火柴末端。

3. 用鉛筆素描撕斷的火柴末端。你有看出任何足以讓你判斷這根火柴是從哪一個火柴盒撕下來的特徵嗎？

4. 利用放大鏡檢視每一個火柴盒。仔細檢視每一根火柴各是從火柴盒的哪裡撕下來的。你能不能在火柴盒找到任何證據，可以協助你把撕下的火柴與火柴盒連接在一起？

延伸活動

　　請一位朋友在你離開房間的時候，從每一盒火柴中各撕去一根火柴。你能不能找出每一根火柴各是由哪個火柴盒撕下來的？

實驗解説 ··

　　紙是由許多木材纖維擠壓在一起而製成。這些纖維胡亂的排列在紙中，長短也不一致。當你撕開紙張時，纖維就會分開。因為沒有任何兩張紙的纖維會有相同的排列方式和相同的長度，所以每張紙的裂痕都不相同。即使你努力嘗試，也無法在兩張紙上撕出相同的裂痕。

　　紙火柴是用紙做的。紙火柴從火柴盒撕下時，末端是獨一無二的，所以可以用它找出是由哪一個火柴盒撕下來的。如果在犯罪現場找到由紙火柴盒撕下來的火柴，而且裂痕和嫌犯身上的紙火柴盒相符，這項證據就可以證明嫌犯曾經出現在犯罪現場。

製作印痕鑄型

犯罪現場找到的腳印、鞋印及輪胎印都可能是重要的證據，可以協助我們找出與犯罪現場有關的嫌犯。鑑識科學家會為這種類型的印痕做出「鑄型」（把石膏倒入模子所做出的造型）。利用下列實驗學習如何為鞋印製造鑄型。

 實驗器材

- 兩張寬 2.5 公分、長 12.5 公分的硬紙板
- 兩張寬 2.5 公分、長 25 公分的硬紙板
- 戶外的軟土
- 細水彩筆
- 石膏粉
- 冰棒棍
- 凡士林
- 計時器

- 膠帶
- 鞋子
- 報紙
- 紙杯
- 水

實驗步驟

注意! 本實驗應在戶外進行。

1. 把四片硬紙板黏在一起,做出一個寬 12.5 公分、長 25 公分的長方形框架。在硬紙板框架內部塗凡士林。

2. 穿上鞋子,用一隻鞋子的鞋底去壓軟土,這樣你就可以在泥土上留下鞋印。

3. 把鞋印用硬紙板框架圍起來。

4. 依石膏包裝上說明的比例,將石膏粉與水倒入紙杯中混合。用冰棒棍攪拌均勻。

注意! 一定要在免洗的容器中混合石膏與水。別把石膏倒入水槽裡,否則下水道可能會堵塞。

5. 把液體石膏倒在腳印上。靜置一小時,等它乾燥。

6. 把石膏鑄型從地面拿起來,有些土可能會黏在石膏上。把石膏鑄型拿進屋內,放在舊報紙上。靜置到隔天,等

它乾燥。

7. 用水彩筆把鑄型上的土刷掉。

8. 觀察鑄型。你能不能看出造成鞋印的這雙鞋子有哪些特點？

延伸活動

幫數名朋友的鞋子都做鞋印鑄型。你能不能辨識出哪個鞋印來自哪一隻鞋子？為輪胎在泥巴上壓出的胎痕做一個鑄型。看著鑄型，你能說出這個輪胎有什麼特徵嗎？

實驗解說

犯罪現場如鞋印、胎痕，甚至是腳印的壓痕所做出的鑄型，可以讓我們追蹤到與刑案有關的人或車。

當鞋子在泥土等柔軟的物質上造成壓痕時，會留下本身的凹模，所有鞋底的圖案或瑕疵也都會留在上面。磨損的痕跡或製造細節可能都看得見，如商標和鞋底花紋等。小心的

將石膏灌入模子裡，偵查人員可以製造出圖案與鞋底完全相同的複製品。

接下來，這個複製品會被送到鑑識實驗室，鑑識科學家將會進行分析，並拿它和已知物品進行比對。舉例來說，一雙慢跑鞋的鞋底花紋可以用來判定慢跑鞋的品牌，而磨損的痕跡可以顯示穿鞋的人在走路時，是不是有一隻腳跛了，或者習慣拖行。同樣的，輪胎鑄型上的花紋可以告訴鑑識科學家這是什麼廠牌的輪胎，可能也能讓他們知道這個輪胎是裝在什麼樣的車子上。

實驗
16

鑑識壓痕

　　學校的飲料販賣機被破壞，裡面的錢也被偷走了。糾察隊在門口攔住兩名其他學校的學生，其中一名學生的背包裡有鐵撬。貴校要如何證明是這些學生犯下罪行？進行下列實驗，學習刑警如何確認工具與犯罪現場的關連。

 實驗器材

- 鐵鎚
- 鐵撬
- 約 7.5 公分長的鐵釘
- 螺絲起子
- 計時器
- 一小片三夾板
- 尖嘴鉗

 本實驗需要大人協助與陪同。

📝 **實驗步驟** ....

1. 請大人協助，用鐵鎚把鐵釘打入三夾板，讓釘子尖端穿出三夾板另一側大約 1.25 公分。

2. 把鐵鎚、尖嘴鉗、鐵撬和螺絲起子放在三夾板旁邊。

3. 告訴這名大人，他必須在三分鐘之內，利用你提供的這些工具，把鐵釘從三夾板上拔下來。

4. 在這名大人進行時，你要離開房間，並計時三分鐘。在大人拔釘子時，不要偷看。

5. 當三分鐘到了，請你試著比對三夾板上的痕跡是哪些工具造成的。哪一種工具最容易比對？警察要如何利用這些資訊調查刑案？

🎯 **實驗解說** ....

　　幾乎任何可以完成工作的器具都可以稱為「工具」，同時幾乎所有的工具在使用時，都會留下痕跡。工具的痕跡可

以分為三類：「壓痕」是像鐵鎚或鐵撬等工具在較軟的表面上會留下的痕跡；「切痕」是像剝線器、鋸子那一類的工具在材料上所留下的痕跡；「刮痕」則是像刀鋒刮過表面所留下的痕跡。就像其他微物跡證一樣，這些痕跡可以提供鑑識科學家一些線索，讓他們知道在犯罪現場使用過哪些工具。如果嫌犯身上的工具與犯罪現場留下的痕跡相符，那麼警察就取得了嫌犯涉案的證據了。

在闖空門或強行進入的案發地點，最常發現的壓痕是犯人把鐵撬、螺絲起子或拆輪胎的鐵條塞進門和門框之間，或塞在窗戶和窗框之間，施加壓力直到門或窗打開所留下的痕跡。用堅硬的金屬工具壓迫木材，也會在木材上留下工具壓痕。

實驗 17　鑑識玻璃碎片

玻璃碎片是犯罪現場最常找到的物質之一。犯人打破窗戶進入建築物、肇事逃逸等等，都會在現場留下碎玻璃。利用下列實驗，學習鑑識科學家如何在鑑識實驗室分析玻璃。

 實驗器材 ·····································

• 拼圖

 不要用真正的玻璃碎片進行本實驗。

實驗步驟 ·····································

1. 把拼圖倒在桌上或地板上。把有圖案的那一面全都翻面向下。

2. 不靠圖案，只靠每一片的形狀完成拼圖。

3. 你覺得這樣完成拼圖比平常容易還是困難？

🎯 實驗解說

　　鑑識實驗室裡的鑑識科學家利用一種稱為「拼圖法」的技術分析玻璃碎片。因為玻璃破裂時，它的邊緣不整齊，所以拼圖法很有用。在破裂的瞬間，產生了形狀很獨特的玻璃碎片，只有與它相鄰的那幾片玻璃，才能與它吻合，就像拼圖的每一片只能和它相鄰的那幾片吻合。

　　為了破案，鑑識科學家利用拼圖法分析玻璃。舉例來說，鑑識人員可能想知道，在肇事逃逸的案件中，從受害者衣服上找到的一片玻璃，是否和嫌犯汽車車頭燈上破裂的玻璃吻合。

　　正如你在本實驗中所見，拼圖法非常困難。為了判定玻璃碎片是否來自犯罪現場，鑑識科學家還會進行其他檢驗。

實驗 18　彈道學

　　槍在發射時，會在子彈上留下痕跡。鑑識科學家可以利用這些痕跡比對出這些子彈是由哪一把槍發射出來的。研究子彈以及其他射擊物的科學，稱為「彈道學」。以下實驗將說明鑑識人員如何運用彈道學的知識，由子彈留下的痕跡找出槍，進而破案。

 實驗器材

* 下一頁圖中的子彈證物。

實驗步驟

1. 利用圖中的子彈證物，將「銀行搶案現場找到的子彈」與「不同的槍發射的子彈樣本」進行比對。

2. 本案中，歹徒使用的是哪一把槍？

取自犯罪現場的子彈

證物槍所發射的子彈

.22 口徑　　　　　　.38 口徑

實驗解說

　　鑑識科學家在檢查子彈時，第一件事就是測量它的口
徑。子彈的「口徑」就是它的直徑，也就是通過子彈平坦端
中心點的直線長度。子彈的直徑可以用吋或毫米表示。直徑

為 0.22 吋的子彈，就是 .22 口徑子彈。這種子彈是 .22 口徑步槍使用的，步槍的槍管直徑是 0.22 吋。同樣的，9 毫米手槍使用直徑 9 毫米的子彈。鑑識科學家會拿犯罪現場找到的子彈口徑與嫌犯身上找到的槍枝口徑做比較。然而，這只不過是彈道分析的第一步而已。

早在十六世紀，為了改進子彈的速率與準確度，槍匠在槍膛內壁刻出「來福線」。這些來福線使彈頭在槍管裡旋轉，直到射出槍管，因而增加了子彈的速率與力道。為了確保子彈和槍管能夠密合，子彈故意做得有點大，結果就造成在發射後，彈頭會留下特殊的「來福痕」。

在槍管內部，來福線與陽線（鑿刻後，槍管內部未被鑿掉的部分）組成了特殊且永久不變的圖案，所以穿過特定槍枝的槍管後，彈頭上會留下這把槍的來福痕。除了彈頭上的來福痕，「彈殼」（子彈外圍的圓柱形容器，裡面裝了火藥，在子彈發射後，彈殼仍留在槍裡）上也有可供辨識的痕跡。這些痕跡是「撞針」（撞擊子彈並引燃火藥的金屬針）造成的。

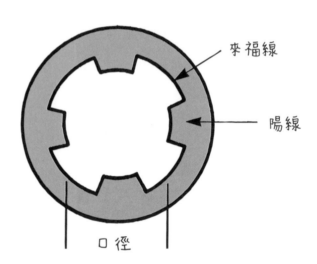

為子彈找出發射的槍，在鑑識科學中算是最簡單的工作之一。只要知道子彈的口徑和來福線與陽線的形態，鑑識科學家就可以告訴刑警，這顆子彈是從那一把槍發射出來的。

鑑識科學小百科

　　刑案證據既可以證明一個人有罪，也可以證明一個人的清白。舉例來說，美國阿拉斯加州曾發生一起案件，有一名探礦人被發現因槍擊而死在山林小屋中。嫌疑最大的就是這名探礦人的伙伴。沒錯，當警方找到這名伙伴時，他身上有一把剛發射不久的步槍，而且他的靴子上有血跡。

　　在一百年前，光憑這兩點證據，這名伙伴就會被判有罪。但是鑑識結果顯示，殺死探礦人的子彈是手槍發射的，不是伙伴的步槍發射的，此外，伙伴靴子上的血是來自最近剛被射殺的鹿，因而證明了他的清白。

鑑識科學第三課

分辨混在一起的證物

用化學方法
分析證物

運用化學鑑識，找出看不見的盲點！

〜〜〜〜〜〜〜〜〜〜〜〜〜〜〜〜〜〜〜〜〜〜〜〜〜〜〜

　　世界各國設立鑑識實驗室也不過是最近一百多年的事。以美國為例，在二十世紀初，位於華盛頓特區的聯邦調查局才開始搜集與刑案偵查有關的科學書籍，例如檢驗血液、毛髮和各種藥物的書。但是一九二九年二月十四日發生的情人節大屠殺，是鑑識實驗室成立與發展的轉捩點。那一天，以艾爾‧卡彭（Al Capone）為首的黑幫分子在芝加哥的一間車庫裡殺死了七個人。警方找到了子彈，希望能利用子彈辨識槍枝，但當時他們沒有鑑識實驗室。驗屍過程中，兩名陪審團的成員聽到了警方的困境，稍後在他們的資助之下，於芝加哥成立了鑑識實驗室，也就是西北大學的刑事實驗室。

　　當時的聯邦調查局長約翰‧埃德加‧胡佛（J. Edgar Hoover）聽到西北大學創立了刑事實驗室，就派幹員前來參觀。他們參觀後，非常讚賞，便在一九三二年成立了聯邦調查局自己的鑑識實驗室。到了今天，這間耗資鉅資的實驗室成為全世界設備最精良的刑事調查機構。

　　化學部門通常是鑑識實驗室中最大的單位。鑑識科學家進行許多與化學有關的試驗。「化學」是研究物質的科學，包含研究物質是由什麼組成、有什麼性質，以及它們與其他物質結合時會發生什麼反應等等。運用化學，可以找出一張勒贖字條上的墨水是來自哪一枝筆、辨識縱火（焚燒房子這類資產的犯罪行為）案中使用的可燃液體、查明各種物質是否為非法藥物。利用以下實驗，學習如何應用化學協助鑑識人員查明刑案。

實驗 19 神祕粉末

　　在犯罪現場或嫌犯口袋裡找到的白色粉末，可能是非法物質，也可能只是糖。刑警會請鑑識實驗室辨識這些物質，再判定是否觸犯法律。利用下列實驗學習鑑識化學家如何利用化學辨識未知物質。

 實驗器材 ....

- 四個小玻璃瓶
- 碘酒（大多數藥局都買得到）
- 四張黑色的色紙
- 小蘇打粉
- 玉米澱粉
- 食鹽
- 糖
- 廚房紙巾

- 滴管
- 白色粉筆
- 量匙組
- 放大鏡
- 白紙
- 鉛筆
- 水
- 醋

實驗步驟

1. 用鉛筆在白紙上畫出一個與下一頁相同的表格。

2. 每一種白色粉末（小蘇打粉、糖、食鹽和玉米澱粉）各取四分之一茶匙（約 1 毫升）分別放在一張黑色色紙上。用粉筆標示粉末的種類。

3. 用放大鏡檢視每一種粉末。這些粉末看起來像什麼？什麼形狀？顆粒大或小？在表格「外觀」那一欄記下你的觀察。

	外觀	質地	氣味	與水反應	與碘反應	與醋反應
小蘇打粉						
糖						
食鹽						
玉米澱粉						

4. 用你的手指搓搓看每種粉末。有什麼感覺？把你的感覺記在「質地」那一欄。

5. 這些粉末有沒有氣味？如果有，把這項資訊記在「氣味」那一欄。

6. 用滴管在每一種粉末上各滴一滴水。發生了什麼現象？有沒有任何粉末溶解或以其他方式反應？把實驗結果記在「與水反應」那一欄。

7. 每一種粉末各取半茶匙（約 2 毫升），分別放在小玻璃瓶裡。用滴管把兩滴碘酒滴進瓶子裡。觀察發生什麼現象，並把觀察到的現象記在「與碘反應」那一欄。

8. 把瓶子洗淨烘乾。

9. 每一種粉末各取半茶匙（約 2 毫升）分別放進小玻璃瓶裡。把兩滴醋滴進瓶子裡。觀察發生什麼現象，並把觀察結果記在「與醋反應」那一欄。

延伸活動

你會不會辨識未知粉末？請一位朋友幫忙，從四種白色粉末中選其中一種取出一點點交給你，但是不要告訴你答案。重複辨別神祕粉末的化學實驗，再把你的實驗結果與表格中的實驗結果比對，辨識粉末的種類。與朋友核對，看看你的答案對不對。

實驗解說

你的實驗結果應該與下頁表格相同。如果你進行了「延伸活動」的實驗，在重複化學實驗並將實驗結果與表格內的結果比對後，你應該能辨識出未知物質。

　　就像你在本實驗中所做的一樣，鑑識科學家會用很多試驗法辨識未知物質。有些試驗是檢驗物質的物理性質，如顏色、形狀等。有些試驗是檢驗物質與其他物質反應時的性質，例如它會不會溶於水、與酸反應時有什麼現象等。鑑識科學家利用未知物質的試驗結果與已知物質的試驗結果進行比對，就可以辨識未知物質。

	外觀	質地	氣味	與水反應	與碘反應	與醋反應
小蘇打粉	白色、粉末狀、像細砂	感覺像砂子	無	溶解度不佳	黃褐色消失	冒出氣泡
糖	白色、不規則形狀的晶體，有些呈正立方體	像砂子	無	可溶	不反應	可溶，但是不反應
食鹽	白色，全部都是正立方體	像砂子	無	可溶	不反應	可溶，但是不反應
玉米澱粉	白色細粉	細粉容易黏在手指上	無	會變白色糊狀	立刻變成藍黑色	可溶，但是不反應

鑑識科學小百科

在紐約港，有一艘來自哥倫比亞的貨船正在卸貨，有許多箱子標明這是陶製品。由於接到情報，美國緝毒組（簡稱 DEA）突襲檢查這艘船，並把箱子打開。結果在好幾個陶製雕塑品內部，找到數袋白色粉末。

為了判定這些白色粉末是不是違法的毒品古柯鹼，現場進行的第一個試驗是「史考特試驗」。探員們取了 2% 的硫氰酸鈷與水、甘油各一份並混合。把雕塑品內部找到的白粉加進溶液中，溶液立刻變成藍色，證明這些白色粉末是古柯鹼。為了確認這項鑑識結果，他們又加入大量的鹽酸，結果藍色溶液又變成粉紅色。

因為船和貨物都被扣押在港口，所以警方進行了更澈底的搜查。最後 DEA 的官員在這艘船上總共搜出價值五千萬美元的古柯鹼。這批陶器在紐約市的進口商和在哥倫比亞的出口商統統遭到逮捕。

實驗
20　**神祕物質**

　　在犯罪現場找到的任何未知物質都可能是重要證據。留在玻璃杯中的液體可能是毒藥，嫌犯手上可能有殘餘的火藥。你已經知道，鑑識化學家為了辨識未知物質，會進行一些試驗。顏色、氣味以及它和其他物質發生的反應，全都是辨識未知物質的線索。利用下列實驗進行另一次重要的試驗。

 實驗器材 ·······························

- 三茶匙（45毫升）的濃縮檸檬汁
- 一茶匙（15毫升）的小蘇打粉
- 三茶匙（45毫升）的蒸餾水
- 三茶匙（45毫升）的氨水
- 三茶匙（45毫升）的醋
- 五個玻璃瓶或玻璃杯

- 兩片紫色高麗菜葉
- 1.5 公升的自來水
- 2 公升的平底鍋
- 計時器
- 塑膠碗
- 馬克筆
- 膠帶
- 鉛筆
- 濾網
- 白紙
- 量杯

 注意！　本實驗需要大人協助。

✎ 實驗步驟

1. 把自來水放入平底鍋。把紫色高麗菜葉撕成碎片，並放入水中。

2. 請大人把水煮沸，用沸水煮五分鐘。熄火，靜置等它冷卻。

3. 把濾網放在塑膠碗的上方，請大人小心的把菜葉和菜汁倒入濾網。丟掉留在濾網上的菜葉。

4. 在每個玻璃瓶上貼一小段膠帶，然後用馬克筆在膠帶上依次標上編號 1 到 5。

5. 在每個瓶子內，倒入半杯（約 125 毫升）紫色高麗菜汁。

6. 在第 1 瓶中加入檸檬汁，第 2 瓶加入醋，第 3 瓶加入蒸餾水，第 4 瓶加入小蘇打粉，第 5 瓶加入氨水。

 小心！氨水不要灑到手上。

7. 觀察每一種物質把高麗菜汁變成什麼顏色？用鉛筆在白紙上畫出右頁表格，並把顏色變化記錄在表中。

瓶子編號	化學物質	酸／鹼	顏色
1	檸檬汁	酸性	
2	醋	弱酸	
3	蒸餾水	中性	
4	小蘇打粉	弱鹼	
5	氨水	鹼性	

延伸活動

　　利用剩餘的紫色高麗菜汁試驗各種家庭用品，每次使用半杯（約 125 毫升）。把玻璃瓶洗乾淨，裝入紫色高麗菜汁，把家庭用品丟進菜汁裡，觀察菜汁的顏色變化。根據顏色變化，利用你的表格判斷這種用品究竟是酸性、弱酸、中性、弱鹼或是鹼性。

實驗解説

　　鑑識科學家會對未知物質進行各種試驗。首先鑑識科學家會觀察這個未知物質，搜集與它的物理性質有關的資訊，例如顏色、質地、氣味、熔點和沸點。

接下來，鑑識科學家會試驗這個未知物質的化學性質。某些物質在化學上被歸類為「酸」或「鹼」。紫色高麗菜汁是酸鹼指示劑，在酸和鹼中會呈現不同的顏色。如果測試的物質是酸，菜汁會變紅。如果測試的物質是鹼，菜汁會變綠。本實驗預期的結果列在下表中。

瓶子編號	化學物質	酸／鹼	顏色
1	檸檬汁	酸性	紅
2	醋	弱酸	淡紅
3	蒸餾水	中性	深紫
4	小蘇打粉	弱鹼	淡綠
5	氨水	鹼性	綠

石蕊試紙是另一種酸鹼指示劑，可以用來測試物質的酸鹼。你在學校裡可能使用過石蕊試紙。pH 值是表達酸鹼濃度的一種方式。靈敏的酸鹼試紙或 pH 計不但可以判定物質的酸鹼，也可以測量出酸鹼的強弱。

除了檢驗酸鹼之外，鑑識科學家還會用更多其他的試驗判定這種未知物質與其他已知物質的反應情形。把試驗結果與已知物質的試驗結果進行比對，鑑識科學家就可以辨認這種未知物質是什麼。

實驗 21　血液鑑識

在失蹤人口的家中找到幾滴紅色物質。那是紅色的顏料、熱狗上滴下來的番茄醬，或者是血？這些物質的辨識很重要，可以讓刑警知道該往哪個方向調查。利用下列實驗學習鑑識人員如何辨識紅色物質。

 實驗器材 ·····

- 滴管
- Hemastix（測量尿液潛血的藥劑）
- 血（從裝肉的容器底部取出）
- 紅色水彩顏料
- 番茄醬
- 盤子
- 自來水

注意!　摸過生肉之後，要把手洗乾淨。

≡✍ 實驗步驟 ....

1. 用滴管把一滴紅色水彩顏料、一滴番茄醬和一滴血滴在盤子。

2. 在每一滴液體上加一滴水，避免它們乾掉。

3. 在每一種水溶液中放一張 Hemastix 試紙。發生了什麼現象？Hemastix 試紙在不同水溶液中變成什麼顏色？哪一種顏色顯示有血？

◎✦ 實驗解說 ....

　　Hemastix 試紙在血液中會變色。Hemastix 試紙中含有一些化學物質，會與血液中的化學物質發生反應。在犯罪現場，利用這個簡單的試驗可以馬上判定這種物質是不是血。為了確認現場試驗的結果，稍後這些樣本會被送進實驗室試驗。其他像是血型或 DNA 分析（參看「實驗 27 DNA 鑑定」）等試驗，可以提供與這個血液樣本及血液主人相關的更詳細資訊。

實驗22　墨水鑑識

在綁架案的調查中，要求贖金的字條是重要證據。如果偵查人員可以辨識出寫這張字條的筆，他們可能就可以憑著字條找到嫌犯。有很多方法可以辨識用來寫贖金字條或其他犯罪通信的筆。利用以下實驗，學習辨識墨水與筆的方法。

實驗器材

- 不同廠牌、不同顏色的水溶性簽字筆
- 剪刀
- 玻璃杯
- 咖啡濾紙
- 自來水
- 尺
- 紙巾

📝 **實驗步驟** ···

1. 把咖啡濾紙剪成數段寬度 2.5 公分的長條形。

2. 在距長條形濾紙一端 2.5 公分的地方，用其中一枝簽字筆畫一個小小的圓圈。

3. 把自來水倒入玻璃杯中，水深約 1 公分。

4. 把長條形濾紙浸入水中，讓水淹沒你畫圈的那一端約 1 公分。不要讓水淹到你畫的圈。

5. 看著水慢慢在長條形濾紙上爬高，直到抵達紙條的頂端。

6. 把長條形濾紙從水中取出，放在紙巾上。用你在長條形濾紙畫圈的同一枝筆，在濾紙的下方寫下筆的廠牌和顏色。

7. 用其他長條形濾紙和筆重複以上步驟。

8. 觀察長條形濾紙上的圓圈發生什麼現象？你有注意到簽字筆的墨水有什麼特別的地方嗎？

延伸活動

　　把好幾種不同廠牌相同顏色的筆交給一位朋友。你先離開房間，請你的朋友用其中一枝筆在長條形濾紙上寫幾個字，如「給我錢，要不然……」。利用本實驗學到的步驟，你能判斷這張字條是用哪一枝筆寫的嗎？

 **實驗解說** ....

　　墨水裡面包含了很多種化學物質。利用一種稱為「色層分析法」的步驟，複雜的混合物會因此分離開來。

　　在本實驗中，你進行了墨水的色層分析。因為墨水裡的色素會以不同的速率被水帶著走，所以色素會分離，產生各種不同的圖案。

　　鑑識科學家會拿字條上的墨水做色層分析圖，並與數種已知不同廠牌的筆做成的色層分析圖進行比對。這樣他就可以判定字條是用哪一種廠牌的筆寫的。

實驗 23 鑑識燒毀的文件

調查案件時，即使是完全燒毀的文件也可能是重要證據。利用下列實驗恢復並閱讀已經燒毀的文件。

 實驗器材

- 半杯（約 125 毫升）甘油（大部分藥局都買得到）
- 一杯半（約 375 毫升）自來水
- 火柴（只有大人能使用）
- 金屬平底鍋
- 原子筆
- 白紙
- 烤盤
- 噴瓶

注意！ 本實驗需要大人協助。

實驗步驟

1. 在白紙上寫下「預計在星期四下午三點動手搶劫」等字。

2. 把這張紙揉成一團,放在平底鍋的中央。

3. 請大人用火柴點燃紙團。

4. 等火熄滅並冷卻。當燒毀的紙團冷卻後,小心的把它移到烤盤上。

5. 觀察燒毀的紙。你能看到紙上的任何筆跡嗎?

6. 把甘油和水混合在一起,倒入噴瓶。

7. 小心的把混合液噴在燒毀的紙上,直到紙溼透。輕輕打開紙團,並將它平放在烤盤上。如果有必要,就多噴幾下。

8. 觀察這張紙。你現在可以讀出任何字嗎?

實驗解說

　　一份文件可能因為不小心而燒毀,也可能是故意燒毀。

無論是哪種情況，處理燒得焦黑的文件，是鑑識實驗室所面對最困難的挑戰之一。把這份文件送到鑑識實驗室時，必須極度小心，而且通常是裝在棉或羊毛做成的箱子裡，由專人護送。一旦文件進入實驗室，鑑識科學家就會立刻採取謹慎的方法讀取它。

首先，鑑識科學家必須在避免讓燒毀文件碎裂的情況下，將它攤平。本實驗所使用的甘油水溶液能使燒毀的紙張變軟，這樣你才能將它攤平。鑑識科學家用的方法很類似。他們把燒毀的紙張放進一個大托盤中，裡面裝了甘油、酒精和水合氯醛的混合物，這種混合物會使紙軟化。

一旦文件攤平了，鑑識科學家就會試著去讀它。大部分的原子筆墨水裡含有少量金屬。這些金屬能熬過火焰的焚燒，所以紙攤平之後，用原子筆寫的字跡可以被看見。鑑識科學家便會把字跡拍下來作為證據。

如果文件上的字跡看不清楚，有時候他們會用一種特殊的底片，稱為紅外線底片，把燒毀的文件拍下來。這種底片會讓文件上的字跡變得比較明顯，使我們容易看清字跡。

鑑識科學第四課
不要漏掉活生生的證物

利用生物線索
深入了解

生物線索，再微小也不放過！

　　在大多數的鑑識實驗室中，生物學部門是第二大的單位，僅次於化學部門。「生物學」是研究生物（活的東西）的學問。對許多人來說，生物學部門就代表鑑識實驗室。生物學部門對生物進行試驗，再把得到的線索用於破案。

　　這個部門的鑑識科學家可能是「植物學」（研究植物的學問）、「動物學」（研究動物的學問）、「解剖學」與「生理學」（研究生物的構造與功能的學問，尤其是人類），或「人類學」（研究人類的學問，尤其指身體特徵及社會關係）領域的專家。鑑識科學家利用生物學判定死亡時間，辨識並比對血液樣本，檢視毛髮、纖維及其他微物跡證。為了破案，他們甚至會檢驗灰塵！利用下列實驗，學習使用許多生物學的鑑識方法來破案。

鑑識齒痕

　　調查案件時，牙齒和齒痕可以用來辨識未知受害者的身份，使我們得到這個人的資訊。利用下列實驗學習牙齒能告訴你什麼。

 實驗器材 ....

- 保麗龍盤
- 馬克筆
- 剪刀

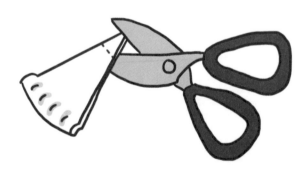

📝 **實驗步驟** ....

1. 把保麗龍盤剪成六個一樣大小的扇形。

2. 把兩個扇形疊在一起,從兩者的尖端剪去 2.5 公分。

3. 把兩片扇形窄的一端朝你的口中放入,在不至於造成不適的情況下,盡量把兩片扇形塞進嘴裡深一點。

4. 用力咬扇形,然後取出。

5. 在上面那片扇形用筆註明「上排齒痕」,在下面那片扇形註明「下排齒痕」。

6. 檢視齒痕。上排齒痕留下了幾顆牙齒的咬痕?下排齒痕留下了幾顆牙齒的咬痕?這些齒痕有什麼特徵可以讓你區別上排牙齒與下排牙齒的不同?牙齒與牙齒之間有什麼不同?

✈ **延伸活動** ....

收集數名朋友的齒痕。在每一組齒痕上一定要注明朋友

的名字，以及那是上排或下排牙齒。你離開房間，請一位朋友在一片乳酪或硬巧克力上輕輕咬一下。利用乳酪和巧克力上的齒痕，與你收集的各組齒痕進行比對，你能辨識出是誰咬的嗎？

🎯 實驗解說

人類有兩套牙齒，分別在人生的不同階段長出來。第一套叫「乳齒」，是在我們小時候長出來的。第二套也是最後一套，叫「恆齒」，稍後會取代乳齒。

這個換牙的過程差不多從六歲門齒脫落開始，一直持續到大約十八歲長出最後的臼齒——智齒為止。我們有二十顆乳齒：上下顎各有四顆門齒、兩顆犬齒（切開和撕裂食物用）及四顆臼齒。我們有三十二顆恆齒：上下顎各有四顆門齒、兩顆犬齒、四顆前臼齒及六顆臼齒。

每個人的牙齒排列方式都是獨一無二的，可以協助我們很容易就辨識出一個人。在判斷一個人的年齡時，牙齒的種

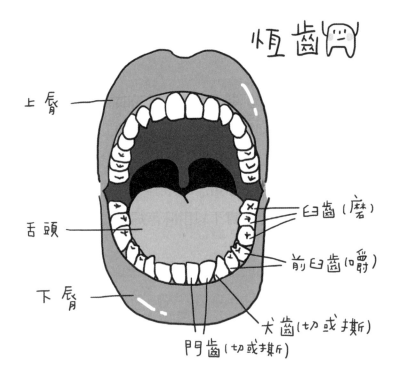

恆齒

上唇

舌頭

下唇

臼齒（磨）

前臼齒（嚼）

犬齒（切或撕）

門齒（切或撕）

類和數目很有參考價值。鑑識牙醫可以用齒痕與牙科病歷進行比對。辨識未知受害者的身分時，經常會採用齒痕鑑識。

鑑識科學小百科

　　在很多刑案中，齒痕都被用來辨識身分。曾有一名饑餓的盜賊在犯罪現場留下咬了一口的乳酪，因此被逮。這名盜賊在破門而入的過程中感到饑餓，因而從冰箱拿出一片乳酪來吃。他才咬了一口就聽到聲響。他嚇壞了，於是扔了乳酪就跑出屋子。警察抵達時，發現了乳酪。稍後他們比對了嫌犯的齒痕與乳酪上的咬痕，發現兩者吻合。

鑑識骨頭

　　遺骨可以透露很多與死者一生有關的資訊。骨頭會透露祖先、性別、年齡和身高等線索，而且通常可以協助我們辨識身分。在刑事調查時，骨頭可以提供死亡時間和死亡方式等線索。利用下列實驗認識骨頭，以及骨頭所能提供的資訊。

 實驗器材

- 兩個湯鍋（其中一個附鍋蓋）
- 半杯（約 125 毫升）小蘇打粉
- 大盤子
- 自來水
- 計時器
- 全雞
- 刷子

● 夾子

 本實驗需要大人協助。

 實驗步驟 ⋯⋯⋯⋯⋯⋯⋯⋯⋯⋯⋯⋯⋯⋯⋯⋯⋯⋯⋯⋯

1. 將一個湯鍋裝水至半滿。把雞放入鍋中，並蓋上鍋蓋。

2. 請大人幫忙把鍋子放在爐子上，火力調到中火。用水煮雞兩小時。

3. 請大人用夾子把雞移到大盤子上。靜置等雞冷卻。雞冷卻後，盡可能把所有的肉都從骨頭上剔下來。

 請大人把剔下來的肉收好，下一餐可以吃。

4. 將第二個鍋子裝水至半滿。加入骨頭和小蘇打粉。

5. 請大人幫忙，用水煮骨頭一小時。這樣應該可以把所有的肉都煮掉了。

6. 靜候鍋裡的水冷卻，然後把骨頭移到大盤子上。用刷子

把骨頭刷乾淨。

7. 檢視骨頭。它們有什麼相同與不同之處嗎？如果你只拿到一根雞骨頭，你知道它是來自雞的哪個部分嗎？

8. 參考下一頁的圖，將雞的骨架重新拼回去。

🎯 實驗解說

「法醫人類學家」會研究遺骨，他們用來解決二十一世紀刑事案件的技術與知識，和其他人類學家用來揭開古文明祕密的技術與知識是一樣的。沒錯，許多法醫人類學家不辦案時，仍把大多數時間花在挖掘古代遺址上。

法醫人類學家首先一定要確定這到底是人還是動物的骨頭。實際上，要判定這一點遠比想像的困難。有些哺乳動物的骨頭和人類的非常類似。舉例來說，熊掌的骨頭和人類的手骨幾乎完全相同。法醫人類學家還必須知道，這究竟是現代或古代的骨頭。這會協助他們判定這根骨頭是來自有歷史意義的地方還是犯罪現場。

雞的骨骼

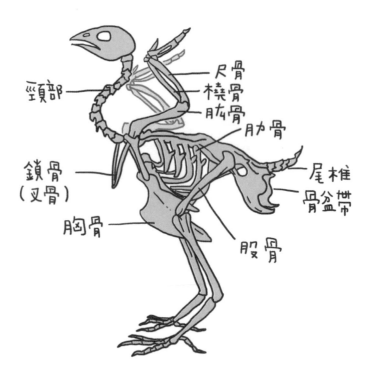

頸部

尺骨
橈骨
肱骨

肋骨

尾椎

骨盆帶

鎖骨
（叉骨）

胸骨

股骨

顱骨可以用來重建一個人的面貌。在電腦的協助下，把肉和皮膚加到骨骼上，這樣就可以比對顱骨和失蹤人口的照片。這種技術也曾經讓其他考古學家用來重建恐龍的樣貌。

骨骼可以透露一個人的許多細節，包括他的職業。舉例來說，服務生和網球員的骨頭會顯示他們在慣用的那一手有強壯的手臂。男性的「髖骨」（構成骨盆的骨頭）和女性的不同。男性的髖骨狹小而高，女性的則寬大而淺。鑑識人類學家經常利用眼窩、鼻孔的特徵，區分一個人來自哪一塊大陸，或祖先是哪一族人。

跨領域合作成效最好的案例，是位在美國華盛頓特區的史密森尼人類學學會和聯邦調查局之間的合作。科學家和腳踏實地的警察一起工作，解決了過去和現在最折磨人的奇案。

實驗
26) 尺與寸

不要忽略腳的骨頭也可以透露許多與腳主人相關的資訊。利用以下實驗學習一個人的腳如何透露他的身高。

 實驗器材 ....

- 原子筆或鉛筆
- 計算機
- 捲尺
- 紙
- 幾位朋友

實驗步驟 ....

注意！ 如果你找來的朋友不是小孩子，而是年紀較大、已經停止長高的人，會得到較準確的實驗結果。

1. 請朋友們脫掉鞋子。用捲尺測量每位朋友的身高，記錄

有幾公分。在紙上記下朋友的名字和身高。

2. 請每位朋友以左腳根貼緊牆壁直立站好。

3. 小心測量每位朋友的腳板長，也就是從牆壁到大拇趾尖端的距離，記錄有幾公分。把測量結果記錄在每個人的名字和身高旁邊。

4. 仔細比對各項數據。你有沒有注意到固定的模式？

5. 利用計算機計算每個人的左腳腳板長除以身高之後的答案。把答案乘以 100，你得到什麼結果？

✈ 延伸活動

　　請一位朋友平舉兩臂，盡量向外張開。測量他的左手中指尖端到右手中指尖端的距離。把測量的結果和朋友的身高做比較。你有沒有發現兩者之間的關係？

🎯 實驗解說

　　你在步驟 5 計算的結果應該很接近 15。舉例來說，如

果一個人的身高是 160 公分，他的左腳板是 24 公分長，把 24 除以 160 再乘上 100，就得到 15。這代表一個人的腳板長大約是身高的 15%。

如果鑑識科學家必須僅靠腳的骨頭辨識一個人，他可以靠這個技術推估這個人的大約身高。因為人體的骨頭是以一定的速率發育的，所以每一塊骨頭與其他骨頭之間的長度成正比。

因此，在「延伸活動」單元裡，當手臂向外平舉時，兩根中指指尖的距離會和一個人的身高相等。當一個人長高時，腳會同時跟著長大，手臂也會跟著變長。到了他不再發育時，由腳板的長度和兩臂張開的長度，就可以大約估計他的身高。

在一個人成長的過程中，以上這些數值的關係不一定成立。在兒童時期，身體某一部分和另一部分的比例會有巨大的變化。舉例來說，新生兒的頭圍大約是身高的 25%，然而成年人大約只有這個比例的一半。

實驗
27

DNA 鑑定

　　如果犯罪現場發現細胞，例如血液中的紅血球，鑑識科學家會進行一種稱為「DNA 分析」的試驗，企圖找出細胞與嫌犯之間的關連。DNA 分析是近代科學史上最重要的發明之一。DNA 圖譜和商品上貼的條碼很類似。試著利用以下實驗模擬如何用 DNA 圖譜做比對。

 實驗器材 ··

- 條碼如下圖

神祕條碼　　　　　條碼

　　A

B

C

D

實驗步驟

1. 觀察上一頁的條碼。

2. 將神祕條碼和條碼 A～D 做比對。

實驗解說

　　神祕條碼和條碼 C 完全相同。正如條碼中包含了與商品來歷有關的資訊，DNA 圖譜含有一個人的組成編碼資訊。「DNA」（去氧核糖核酸）本質上是人體的藍圖和配方，位於每一個人體細胞的「細胞核」內。每個人的細胞核內都有 46 條「染色體」，染色體含有經過編碼的資訊，分成一組一組的「基因」，這整套經過編碼的資訊就是 DNA。除了同卵雙胞胎之外，每個人的 DNA 都是獨一無二的，只要很小一段樣本就可以進行分析。

　　DNA 分析的過程很複雜，可以在鑑識實驗室或在獨立實驗室進行。

分析過程包括以下數個步驟：

1. 將 DNA 從細胞核中取出來。

2. 將 DNA 與細胞裡的其他物質分離，並切成碎片。

3. 將放射性物質嵌入人類的 DNA 碎片中。這樣稍後鑑識科學家就能追蹤人類的 DNA 碎片。

4. 利用膠體電泳把人類的 DNA 碎片根據大小分成不同條帶，完成 DNA 圖譜。這是一種類似色層分析的方法。（要多了解色層分析，參看「實驗 22 墨水鑑識」）

5. 用 X 光照射 DNA 碎片，把這個人的 DNA 圖譜記錄下來（用 X 光能輕易觀察到放射性物質）。

　　就像你比對條碼一樣，鑑識科學家也會把從犯罪現場找到的細胞做出的 DNA 圖譜，與嫌犯的 DNA 圖譜進行比對，這樣就能判定嫌犯是否曾經出現在犯罪現場。DNA 圖譜的例子如下頁的圖。

　　在新聞報導中，我們經常聽到鑑識專家在精采的法庭審

理案件中進行 DNA 鑑定。然而平常進行的 DNA 鑑定,絕大多數都用來鑑定父親與子女的關係,或是在移民申請案中,用來確認或否認家屬關係。

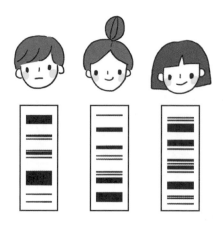

DNA 圖譜

實驗
28

微生物鑑定

我們身上住了許多看不見的生物。這些小生物稱為微生物，可用於鑑定嫌犯是不是穿過某一件衣服，以及判定他是不是曾經出現在某現場。

實驗器材

- 半杯（125 毫升）自來水
- 四包未調味的明膠（吉利丁）
- 乾淨的 1 公升玻璃瓶（附瓶蓋）
- 橡皮手套
- 垃圾筒
- 平底鍋
- 棉花棒
- 計時器
- 洗碗精

● 球鞋

 注意！ 本實驗在戶外進行，需要大人陪伴。

實驗步驟 ⋯⋯⋯⋯⋯⋯⋯⋯⋯⋯⋯⋯⋯⋯⋯⋯⋯⋯⋯⋯⋯⋯

1. 請大人幫忙，用平底鍋裝水並煮沸，再加入四包明膠，讓明膠溶解。

2. 靜候明膠冷卻，直到有點黏稠，但還沒凝固（大約要五分鐘）。

3. 把冷卻的明膠倒入玻璃瓶中。

4. 把玻璃瓶移到垃圾筒上方。傾斜玻璃瓶，讓多餘的明膠流出。

5. 讓玻璃瓶側躺，靜置四小時。

6. 不穿襪子就穿上球鞋，到外面運動至少三十分鐘。

7. 脫掉鞋子。用棉花棒摩擦每一隻腳趾之間的縫隙。

8. 把棉花棒伸入玻璃瓶內，在明膠的表面輕輕畫出一道波浪。

9. 把手和腳洗乾淨。

10. 關好瓶蓋，把玻璃瓶放在溫暖、陰暗的地方，靜置四天。

11. 四天後，觀察瓶內的明膠。你看到什麼？

 不要用手摸明膠！玻璃瓶不要放置超過四天。

12. 完成實驗後，清洗時戴上橡皮手套，在玻璃瓶內倒滿熱水，靜置五分鐘，明膠會溶解在熱水中，再把明膠倒入水槽，然後把玻璃瓶洗乾淨。

 清洗工作完成後，要澈底把手洗乾淨。

 實驗解説 ....

　　你的鞋子內部溫暖又陰暗，而且因為你會流汗，鞋子也變得很潮溼。對微生物而言，那是一個完美的生長環境，因

為它們喜歡溫暖、陰暗又潮溼的地方。你的玻璃瓶也是這樣的環境。明膠為你腳上的微生物提供了食物。有食物可以吃，又有舒適的地方可以住，微生物就安心的吃和繁殖。

四天之後，你應該會看到微生物在明膠上吃出一些凹槽。依照生活在你腳上和明膠的微生物種類，有時候你還會看到明膠上出現不同的顏色。如果你能用顯微鏡觀察微生物，你將會看到它們各自都有不同的特徵，例如大小、形狀、顏色及對特定化學物質的反應等。

不但鞋子內部有微生物，鞋底及你的皮膚上都有。鑑識科學家會把犯罪現場找到的微生物與已知的微生物比對，然後再和嫌犯身上找到的微生物比對。如果微生物符合，就可以判定嫌犯曾經出現在犯罪現場。

種子與孢子鑑定

　　在嫌犯的身上或駕駛的車輛上找到的小種子，可能是判定嫌犯到過哪些地方的重要線索。利用下列實驗，學習這類資訊如何運用在破案上。

 實驗器材 ....

- 一雙舊棉襪
- 白紙
- 一塊有野草或灌木的空地
- 放大鏡

注意!　本實驗在戶外進行。

實驗步驟 ··

1. 把棉襪套在鞋子外面，到空地逛逛。

2. 把襪子脫下來，仔細觀察。你應該會發現有許多種子黏在襪子上。

3. 回到家裡，把襪子上的種子取下，放在白紙上，用放大鏡觀察種子。你帶回了幾種不同的種子？

4. 把類似的種子分在同一類。你猜這些種子各是來自什麼植物？

延伸活動 ··

1. 栽種你帶回來的種子，看看它們長大會變成什麼植物。為了確保這些種子會發芽，在栽種之前，先把它們裝進塑膠袋，放進冰箱一個星期（野外的種子在發芽之前通

常會先熬過寒冷的冬天）。你可以將種子從襪子上取下來，放進有土壤的花盆；也可以在襪子裡塞一些土壤，用水澆溼襪子，再把裝了土壤的襪子放在不要的盤子上。這就是你自己的小花園！

2. 套上其他襪子到不同的空地重複相同的實驗步驟。比較不同的空地找到的種子，它們之間有什麼不同？你能不能靠著觀察襪子上的種子，判斷出它們來自哪一塊空地？

3. 在一年之中的不同季節重複相同的實驗。比較每一個季節找到的種子。它們之間有什麼不同？

🎯 實驗解說

　　每一地區會生長的植物種類受到許多因素影響，如土壤種類、水量多寡及溫度高低等。大多數植物每年會歷經一個生命週期。它們在春天發芽，開始生長，然後開花。夏天持續快速成長。到了秋天，植物準備休眠。許多草會釋放種子

到空中或地上，為下一個春天做準備。在冬天，植物休眠，意思是它們活著，但在睡覺。到了春天，種子將會發芽，新的生命週期又開始了。

種子來自複雜的植物，如草、灌木和樹。真菌與簡單的植物，如藻類、苔蘚和蕨類等則產生「孢子」，那是一種可以發育成新個體的小細胞。

利用種子和孢子來分析，是一種有效的方法，可以協助我們判定一名嫌犯曾經走過哪些地方，並找出他和犯罪現場之間的關連。舉例來說，如果在嫌犯襪子上找到的種子，與大賣場搶案附近草地找到的種子符合，那麼就有證據顯示嫌犯很有可能犯下這筆搶案。

實驗 30　塵與土鑑定

在調查案件時，灰塵、汙垢和泥土都可能成為重要的證物。藉由本實驗學習如何利用塵土破案。

 實驗器材

- 取自三個不同地點的泥土
- 三個塑膠袋
- 三張白紙
- 放大鏡
- 馬克筆

 本實驗在戶外進行。

實驗步驟 ··

1. 分別到三個不同地點採集泥土。放進個別的塑膠袋，並在袋子上標示採集的地點。

2. 回到家後，把三個塑膠袋的泥土樣本，分別放在三張白紙上。用放大鏡檢視樣本。

3. 泥土樣本之間有什麼不同？這些土的顏色是很淡或很深？這些土看起來像什麼？土壤的顆粒大小如何？你有看到石頭嗎？土裡是不是有腐爛的植物殘骸？有什麼特徵可以讓你辨識來自特定地點的泥土嗎？

實驗解說 ··

　　土壤裡有一半是空氣和水，兩者都是植物和動物生存所必需。土壤中其他部分含有許多具有分解能力的生物，如真菌、黴菌、細菌和蚯蚓，以及岩石碎片和腐植質（腐爛的植物和動物遺骸）。土壤顆粒大小決定這種土稱為砂、粉砂或黏土。砂的顆粒最大，而黏土的顆粒最小。

　　這些資訊全部都可以用來研究犯罪現場所找到的泥土樣本。塵與土是常見的微物跡證，因為它們很容易藏在鞋底、衣服上或汽車輪胎上，再被帶離犯罪現場。鑑識科學家把犯罪現場找到的塵土，與特定樣本進行比對，然後判定這些塵土來自什麼地方。

鑑識科學小百科

　　一九七七年，一位名叫珍妮・薛波（Janie Sheperd）的女子失蹤了四天。她的汽車在離家約一百二十公里的倫敦街道上被人發現。汽車底部有一層厚厚的泥，經過分析，鑑識人員斷定，這輛車曾在鄰近的四個縣市之一行駛過，這使得搜查範圍大大的縮小了。

實驗 31 浮游生物鑑定

　　在水中可以找到非常小的植物和動物，它們沒有辦法在水中靈活的游泳，稱為「浮游生物」。浮游生物和微生物、種子、孢子一樣，在調查案件的過程中，可能扮演重要角色。利用下列實驗，研究水中找得到的浮游生物。

 實驗器材 ....

- 從池塘或湖泊取回來的水
- 顯微鏡（非必要）
- 有蓋的大玻璃瓶
- 放大鏡

實驗步驟 ⋯⋯⋯⋯⋯⋯⋯⋯⋯⋯⋯⋯⋯⋯⋯⋯⋯

注意！ 本實驗在戶外進行，需有大人陪同。

1. 用玻璃瓶採集池塘或湖泊的水，然後關緊瓶蓋。

2. 回到家後，用放大鏡或顯微鏡檢視水中有沒有浮游生物。你能找到多少種浮游生物？

注意！ 許多浮游生物是透明的或顏色很淡，又非常小，必須仔細觀察才找得到。它們看起來可能像會動的小斑點！

 實驗解說 ⋯⋯⋯⋯⋯⋯⋯⋯⋯⋯⋯⋯⋯⋯⋯⋯⋯

　　生活在水中的微小生物是所有生命的源頭。這些浮游生物被稍大的生物吃掉，而稍大的生物又被更大的生物吃掉。有了這樣的食物鏈，地球上才能有許多不同的生物生存。

　　水中的浮游生物可以提供鑑識人員珍貴的資訊。有一種浮游生物稱為「矽藻」（透過顯微鏡才看得到的藻類，它們

的細胞壁含有像砂子的物質，稱為矽），它們非常重要。光憑在水中發現的屍體內有沒有找到矽藻，鑑識科學家就可以知道死者是溺斃或落水前死亡。如果死因是溺斃在大自然的水中，如湖泊或河流，那麼身體裡的水，尤其是肺裡的水，甚至連血液裡的水，都會含有矽藻。如果在落水前已經死亡，身體裡就找不到矽藻。

在一件刑案中，如果屍體的發現地點和溺斃地點不同，鑑識科學家會研究矽藻，就能提高判斷案發地點的準確性。這是因為矽藻有一萬五千種，在樣本裡找到的任何組合可能都是獨一無二的。

熱量的散失

　　物體的溫度經常在破案時扮演重要的角色。汽車引擎散發的熱顯示這輛車在不久之前曾經行駛過；餐桌上的咖啡杯還是熱的，顯示嫌犯剛離開不久；屍體的溫度也向刑警透露了死亡時間。藉由以下實驗，學習鑑識科學家如何利用溫度破案。

 實驗器材

- 兩杯（共 500 毫升）熱咖啡
- 原子筆或鉛筆
- 咖啡杯
- 筆記本
- 溫度計（可以量到 100℃）
- 碼錶或有秒針的手錶

注意！　本實驗需要大人協助。請這位大人在整個實驗過程中，在咖啡倒入杯子之前，要保持咖啡的溫度不變，必要時，可以把咖啡放在爐子上。

📝 實驗步驟

1. 請大人把一杯（250 毫升）熱咖啡倒入咖啡杯中。

2. 把溫度計放入咖啡中，按下碼錶計時，並把咖啡的溫度記錄在筆記本上。

3. 每隔一分鐘記錄一次溫度，直到溫度不再變化為止。再把冷掉的咖啡倒掉。

4. 離開房間。請大人把另一杯熱咖啡倒入杯中，並記下他倒咖啡的時間。

5. 請大人稍等幾分鐘後，再請你回到房間。

6. 測量咖啡的溫度。比較這個溫度和你所做的紀錄。從大人倒咖啡到現在，過了幾分鐘？

🎯 實驗解說

　　當一件物品離開熱源，溫度就會開始下降。一開始冷卻速率很快，直到它的溫度等於周圍空氣的溫度為止，這時

候，它的溫度趨於穩定。同一種材質、同樣大小、同樣初始溫度的物品，溫度下降的速率會相同。如此一來，我們就能約略判斷一件物品離開熱源的時間。在本實驗中，只要初始溫度相同，等量的咖啡第二次被倒入同一個杯子，而且室溫也沒有改變，你應該有辦法推估咖啡倒入杯中的時間。

人死了之後，身體不再產生熱量，體溫會逐漸下降。一開始，體溫下降較快，大約每小時 0.8℃，但是幾個小時後，冷卻速率就變慢了。除了體積、初始溫度和周圍的溫度之外，體態也會影響冷卻速率。瘦的人冷卻速率比胖的人快。經由測量死者體溫，鑑識科學家可以推估死亡時間。

<table>
<tr><td>實驗
33</td><td>分解</td></tr>
</table>

　　「分解」是腐敗的自然過程。通常屍體周圍物質的腐敗可以提供鑑識科學家珍貴的資訊。並不是所有物質的分解速率都相同。「有機物質」（含碳的物質，通常來自植物或動物）的分解速率與「無機物質」（不含碳的物質，如岩石或水等）不同，天然與人工合成的物質分解速率也不同。鑑識科學家可以研究這些物質的分解狀態，推估出大約的死亡時間。利用本實驗學習不同物質的分解速率有何不同，以及這些資訊如何協助我們破案。

 實驗器材

- 人工合成物質，如保麗龍、塑膠、碎布及皮革
- 天然有機物質，如樹葉、嫩枝、青草、碎報紙及松針
- 乾淨的 2 公升塑膠製汽水瓶
- 2 公升的土壤（從戶外取得）

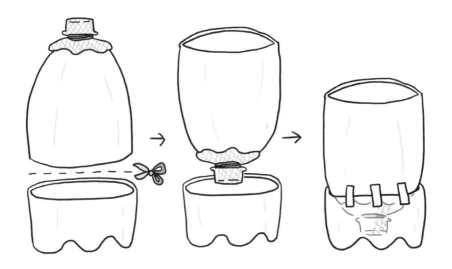

- 兩杯（共 500 毫升）砂
- 蚯蚓（非必要）
- 原子筆或鉛筆
- 橡皮手套
- 數張報紙
- 橡皮筋
- 筆記本
- 膠帶

- 剪刀

- 紗布

- 棍子

- 自來水

 注意！　本實驗需要大人協助。

實驗步驟

1. 盡量把塑膠製汽水瓶的標籤撕乾淨。

2. 請大人把汽水瓶切成兩段，切口大約在距瓶底三分之一高度的地方。

3. 用紗布封住瓶口，再用橡皮筋固定紗布。

4. 把瓶子的上半段翻轉，放入瓶底那一段中，如上一頁的圖。用膠帶把兩段黏在一起。

5. 把砂倒入翻轉的那一段瓶子中。再把一杯（250毫升）土壤倒入，平舖在砂的上層。

6. 觀察天然和人工合成的物質。你認為哪一項物品會最快分解？為什麼？哪一項物品會花最多時間分解？為什麼？把你的預測寫在筆記本中。

7. 把每一項天然和人工合成的物質加入瓶中，每次加一點，然後再舖上一層土壤。慢慢一層一層的添加天然和人工合成的物質以及土壤，直到裝滿瓶子為止。在最上層的土壤上再多加一些物質。

8. 如果你有興趣的話，放一些蚯蚓到瓶子裡。

9. 倒一些水到瓶子裡，直到水開始滲過紗布滴下來。

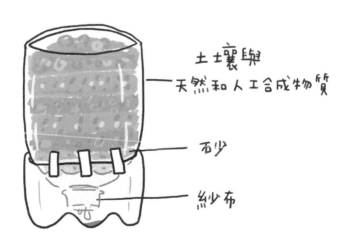

土壤與
天然和人工合成物質

砂

紗布

10. 把瓶子放到不被干擾的地方，靜置一個月。每星期往瓶子裡澆水兩次。

11. 每隔幾天觀察瓶子一次。將觀察結果記錄下來。

12. 一個月後，戴上橡皮手套，把瓶子裡的東西倒在報紙上。用棍子撥開土壤。觀察天然及人工合成物質的分解情況。你的預測正確嗎？

 在檢視實驗物質時，一定要戴上橡皮手套。實驗結束後，把蚯蚓放回戶外泥土中，扔掉其餘的器材。一切都完成後，務必把手洗乾淨。

實驗解說

　　分解是大自然回收天然物質的方法。天然物質會被分解成植物成長所需的營養素。有些人工合成的物質也可以分解，但比較慢。細菌、真菌和其他微生物及蚯蚓全部都會幫忙分解這些物質。

　　尤其是蚯蚓，可以使分解的速率加快。牠們會在地底挖

出網狀坑道，讓空氣和水可以抵達植物的根部。這些坑道也將空氣和水帶給其他住在土壤裡可幫助分解的昆蟲及小生物。蚯蚓會把深層的土壤搬到表面，也會把植物碎屑搬進地底，藉此翻動土壤。一杯（250 毫升）土壤中可能含有超過五十億隻生物。

　　鑑識科學家利用他們對各種物質分解速率的知識，幫助他們以各種方法破案。舉例來說，在房屋後面找到的一封信，憑紙張分解的程度，就能推估時間而連結到前些時候發生的搶案嫌犯，而一顆爛掉的蘋果核也可能是重要線索，協助警方找到失蹤的露營者。

鑑識科學第五課
文書追蹤關鍵機密

分析文件
破大案

從字裡行間找出線索！

最古老的鑑識方法就是研究與犯罪有關的文件。在古羅馬時代，就會透過比對筆跡作為法庭上的證據。和現代一樣，古羅馬時代也有筆跡專家。除了筆跡證據，在調查過程中還有很多方法可以分析文件。利用下列實驗學習鑑識科學家研究文件的各種方法。

實驗 34　紙上凹痕

　　寫字時，如果紙下面有另一張紙，那麼底下那張紙很可能會留下書寫的凹痕。對一個正在調查失蹤人口案，或在綁架案中想要尋找勒贖紙條來源的刑警來說，這可能是珍貴的證據。利用以下實驗學習讓凹痕浮現的技術。

實驗器材 ··

- 數張白紙
- 燈或其他光源
- 原子筆
- 鉛筆

實驗步驟 ··

1. 把紙疊在一起。利用原子筆在最上面那張紙寫下住址或電話號碼。

2. 拿走第一張紙,然後將第二張拿起來,舉高放在靠近燈的下方觀察。你看到什麼?

3. 把第二張紙攤平。把鉛筆拿斜,用傾斜的筆尖輕輕塗過有筆跡凹痕的地方。你能不能讀出第二張紙上面的住址或電話?

延伸活動 ··

　　利用不同種類和不同數目的紙張重複本實驗，並且在書寫時施加更大或更小的壓力。這些改變會不會影響你讀取第二張紙上的筆跡？

實驗解說 ···

　　凹痕是不是容易閱讀，取決於許多因素，如紙的厚度、紙是放在硬或軟的表面，以及書寫者所施加的力量大小。如果在犯罪現場找到有筆跡凹痕的紙，這種技術就可以用來和威脅信或勒贖字條上的筆跡進行比對。如果日記或公司帳本有幾頁被撕掉，也可以用這個方法來判定被撕去那幾頁到底寫了什麼。

實驗
35 **打字分析**

如果犯人用打字機或電腦印表機作為通信工具，鑑識人員有可能辨識出他是用哪一部機器印的。一封用打字機打好的信，無論是勒索金錢或告訴別人去哪裡找被綁架的受害者，這封信都可以引導鑑識人員追蹤到嫌犯的打字機或電腦印表機。利用以下實驗，學習鑑識人員如何靠著分析打出來的字破案。

實驗器材

- 數張不同來源列印好的紙，例如你的朋友或家人用不同印表機印出來的文件
- 寬 7.5 公分、長 12.5 公分的索引卡
- 放大鏡
- 鉛筆
- 剪刀

● 膠水

實驗步驟 ·····································

1. 用鉛筆為所有收集到的列印紙張編號。

2. 用剪刀從每一張紙剪下幾個字。用膠水把剪下來的字黏
   在索引卡上，每一張紙上剪下來的字要分別黏在不同的
   卡片上。

3. 在每一張卡片上，記下這些字是來自幾號的紙。

4. 利用放大鏡觀察每一張卡片的字。這些字有什麼特點？
   比較每一張卡片上的同一個字或同一個部首。這些字體
   有什麼不同？

鑑識科學小百科

鑑識科學小百科

鑑識科學小百科

鑑識科學小百科

鑑識科學小百科

鑑識科學小百科

鑑識科學小百科

延伸活動

　　請一位朋友在你目光移開時，由一張紙上剪下一個字。把這個字和你的樣本卡片做比較，想辦法判斷這個字是由幾號紙剪下來的。

實驗解説

　　現在幾乎沒有人會用打字機寫信了。電腦和印表機使寫信變得簡單多了。即使如此，每一部機器打出來的信還是有差別。只要仔細觀察這些差別，就可以判斷某一封信是哪一部機器打出來的。

鑑識科學小百科

　　一九五〇年時發生了一件轟動國際的間諜案，美國
政府官員阿傑·奚斯（Alger Hiss）因為傳送機密文件給
蘇聯而接受審判。奚斯在法庭上被判有罪，主要是因為
他的打字機提供了證據。從蘇聯間諜身上取得的打字文
件中，含有美國國務院的重要情報。文件上打的字與奚
斯的打字機吻合，而他的打字機打出來的字體很少見。
檢察官指控奚斯用他的打字機謄寫國務院文件，然後交
給蘇聯的情報員。

實驗 36	筆跡分析①：結構法

每個人的筆跡都是獨一無二的，即使另一個人想要偽造他人的簽名，通常都會被識破。利用以下實驗學習如何分析筆跡。

 實驗器材

- 原子筆或尖銳的鉛筆
- 描圖紙
- 白紙
- 尺

實驗步驟

1. 在同一張白紙上簽下你的名字兩次。

2. 把描圖紙放在你的簽名上面。

3. 每一個中文字都分成好幾部分，有的是分左右（例如「怡」），有的是分上下（如「葉」、「英」），有的分內外（如「圖」），有的無法分割（如「中」）。用鉛筆和尺在描圖紙上把你簽名的每個字分割成數個部分。

4. 比較兩次簽名的分割結果。它們是不是很相似？

 延伸活動 ⋯⋯⋯⋯⋯⋯⋯⋯⋯⋯⋯⋯⋯⋯⋯⋯⋯⋯⋯⋯⋯⋯

在另一張紙上簽下你的名字。請一位朋友在你的簽名下方約 2.5 到 5 公分處，偽造你的簽名。對兩份簽名進行結構

分析。比對的結果如何？你能不能用這種筆跡分析法證明你朋友的簽名是偽造的？

簽名會受到許多因素影響，簽名時會用到大腦、眼睛和手部肌肉。同一個人的簽名又受這個人的身心狀況、簽名地點以及環境的影響，周圍的環境可能會影響寫字快慢。在正常情況下，同一個人的簽字每次會略有不同。所以，如果好幾張支票上的一連串簽名完全相同，顯示可能有人利用複製或描圖的方法偽造簽名。然而，如果這些簽名非常不同，又顯示這些簽名可能是假的。

通常，要向銀行領款、簽發支票，或用信用卡購物時都需要簽名。這就是「偽造文書罪」最常發生的時機。每年因為偽造文書而損失的金額相當巨大。只要拿有疑問的簽名和本人的簽名樣本進行比對，就可以揭發偽造文書罪。舉例來說，銀行和信用卡公司都會留下一份顧客簽名的複本，如果他們懷疑某張支票或信用卡的簽單可能是偽造的，就會拿可

疑的簽名和檔案中的簽名進行比對。如果簽名不同，他們就
會通知警方深入調查。鑑識科學家則會對這份簽名進行更澈
底的分析。

接下來的三個實驗，是和結構法不同的筆跡分析法。

筆跡分析② : 組成要素法

另一種筆跡分析法是分析每個字的組成要素。

 實驗器材 ....

- 原子筆或尖銳的鉛筆
- 描圖紙
- 白紙
- 尺

實驗步驟 ....

1. 在同一張白紙上簽下你的名字兩次。

2. 把描圖紙放在你的簽名上面。

3. 中文字的構造雖然複雜,但是可以拆開成幾個組成要素,例如許多中文字中都包含了「十」、「人」等組成

要素。以「十」為例，可以觀察交叉的位置在中央、偏左或偏右；以「人」為例，可以觀察這兩筆畫是連在一起，還是分離。在描圖紙上圈出這些組成要素，再比較它們的特徵。

4. 比較兩個簽名的分析結果是否類似。

✈ **延伸活動** ··

　　在另一張紙上寫下你的名字。請一位朋友在你的簽名下方偽造你的簽名。對兩份簽名進行組成要素分析。比對的結果如何？你能不能用這種筆跡分析法證明你朋友的簽名是偽造的？

實驗 38　間隙分析

為了鑑識筆跡，專家也會比對字與字之間，及筆畫與筆畫之間的間隙。利用間隙分析，學習如何應用這種技術。

實驗器材

- 原子筆或尖銳的鉛筆
- 描圖紙
- 白紙
- 尺

實驗步驟

1. 在同一張白紙上寫下你的名字兩次。

2. 把描圖紙放在你的簽名上面。

3. 在每一個部首和偏旁兩側最低點的位置上，用筆在描圖

紙上畫兩個小圈。

4. 用尺把部首和偏旁之間的小圈連接起來，形成一系列斷斷續續的線段。

5. 比較兩組線段是否類似？

▷ **延伸活動** ·····························

　　在另一張紙上寫下你的名字。請一位朋友在你的簽名下方偽造你的簽名。對兩份簽名進行間隙分析。比對的結果如何？你能不能用這種筆跡分析法證明你朋友的簽名是偽造的？

實驗 39 傾斜分析

　　觀察簽名的傾斜程度，是比對筆跡的另一種方法。用傾斜法分析自己的簽名，讓自己能熟悉這種技術。

 實驗器材 ································

- 原子筆或尖銳的鉛筆
- 描圖紙
- 白紙
- 尺

實驗步驟 ································

1. 在同一張白紙上寫下你的名字兩次。

2. 把描圖紙放在你的簽名上面。

3. 用尺在部首和偏旁上畫一條短線，讓短線的傾斜方向與

部首和偏旁一致。

4. 比較兩組簽名的短線是否類似？

延伸活動

在另一張紙上寫下你的名字。請一位朋友在你的簽名下方偽造你的簽名。對兩份簽名進行傾斜分析。比對的結果如何？你能不能用這種筆跡分析法證明你朋友的簽名是偽造的？

實驗解說

筆跡分析的這四種方法——結構法、組成要素法、間隙

法和傾斜法，全都可以幫助鑑識科學家檢視和比對文件上的筆跡。通常鑑識科學家會對同一份筆跡進行數種分析，才能確定它是偽造的。這些方法如果用電腦執行分析會更準確。一份簽名的樣本可以先掃描，然後存入電腦，這樣日後就可以利用電腦進行比對。

 鑑識科學小百科

美國歷史上最有名的綁架案發生在一九三二年，當時林白上校夫婦的小男嬰被綁架了。林白上校（Colonel Lindbergh）是第一位駕駛單人飛機橫渡大西洋的人，被社會大眾視為英雄。布魯諾・理察・郝普曼（Bruno Richard Hauptman）因綁架林白的嬰兒而被捕，他被判有罪的主要證據是筆跡專家的證詞。在郝普曼被捕後，警方取得他的筆跡樣本，專家隨即以此筆跡樣本與勒贖字條上的筆跡進行比對。

實驗
40

鑑識偽鈔

我們都知道百元鈔票長什麼樣子,但是你曾經仔細的檢視鈔票嗎?利用以下實驗,學習如何調查偽鈔案。

實驗器材

- 下一頁的偽鈔圖案
- 百元紙鈔
- 鉛筆
- 紙

實驗步驟

1. 在下頁的百元紙鈔圖中,至少有十二處錯誤。仔細檢視圖片,看看你能找出多少錯誤。把你的答案寫下來。

2. 盡可能找出錯誤後,再拿出真的紙鈔和圖片做比對。你

又多發現了幾個錯誤？把它們也寫下來。

3. 將你的答案和下一頁列出來的錯誤比比看。你有沒有找
   出十二處錯誤？

🎯 實驗解說 ···

下一頁列出了上圖中這張紙鈔的十二處錯誤。

「製造偽鈔」就是為了騙人而製造了假錢。過去要偽造
紙鈔很困難。製造偽鈔的人要為鈔票的兩面各製作一片印刷
用的版。在製版的過程有很多地方都可能會出錯。國父的鬍

子畫錯了，或鈔票的號碼不對了，可能辛苦工作了幾個月才
做好的版就全毀了。

　　然而有了彩色影印機之後，製造偽鈔變得容易多了。使
用最新式的高速、高品質雷射影印機複製紙鈔又快又簡單。
各國政府為了防止歹徒用影印機製造偽鈔，現在都用特殊的
紙印鈔票，這種紙除了政府之外，別人都買不到。偽鈔不但
看起來和真鈔不一樣，摸起來也不一樣。加拿大政府已經開

始用一種高科技的方法防止偽造鈔票。他們在鈔票上放全像圖，就像信用卡一樣。

除了鈔票之外，還有其他東西也可能被偽造。有了影印機，薪水帳冊和支票都常被偽造。不過，連不是紙做的物品也有人偽造，如信用卡。信用卡上因為有全像圖而很難偽造。加上信用卡使用了特殊顏料印製，只有用紫外線照射才能辨識。

關鍵字
小辭典

AFIS（指紋自動比對系統）　可以在數分鐘之內，將一枚指紋與資料庫中的樣本進行比對的電腦系統。

DNA（去氧核糖核酸）　構成細胞核中染色體的基本物質。DNA 含有遺傳密碼，本質上是人體的組成配方。

DNA 分析　從在犯罪現場搜集到的細胞與嫌犯 DNA 之間找出關連的鑑識方法。

人類學　研究人類，尤其是指生理與文化特徵、風俗和社會關係的科學領域。

口徑　子彈的直徑，可使用吋或毫米為單位。

分解　物質腐敗的自然程序。

化學　一門科學領域，專門探討物質的組成和性質，以及不同的物質結合在一起時所引發的反應。

可見指紋　在犯罪現場的物品上清晰可見的指紋。

犯罪　違反法律的行為。

犯罪學　研究刑案與罪犯的科學。

生物　活的東西。

生物學　研究動植物起源、歷史和特徵的科學領域。

生理學　研究生物如何運作的科學領域。

刑事　觸犯刑法或其他法律的情事。

刑事實驗室　分析證據的鑑識實驗室。

刑警　負責調查重大刑案的專業警官。

有機　含碳的物質。

色層分析法　能把複雜混合物（如墨水）中的各種成分分離的方法。

亨利指紋分類系統　指紋辨識系統，使用數字為指紋特徵和其取自何種類型的手指及手分類。

盯梢　對某個地區進行監視。

身高　一個人的高度。

乳齒　人類的第一套牙齒，大約在六歲時開始被恆齒取代。

來福痕　來福線在發射的子彈上造成的特殊痕跡。

來福線　槍管內壁刻出來的細長凹槽。又叫「膛線」。

供出　因為有意或無意而揭露某人涉入刑案。

孢子　細菌及簡單植物如藻類、苔蘚和蕨類所產生的小細胞，可以發育成新的個體。

定罪　在法庭上被判有罪。

昆蟲學家　研究昆蟲的科學家。

矽藻　透過顯微鏡才看得到的藻類，它們的細胞壁含有像砂子一樣的物質，稱為矽。

長期記憶　保留在大腦記憶中的資訊，即使過了很長的時間之後都還記得住。

恆齒　第二套也是最後一套牙齒，大約在六歲到十八歲之間會取代乳齒。

拼圖法　分析玻璃碎片的方法，像拼圖一樣，把玻璃碎片拼湊在一起。

指紋　手指最末一節上脊紋的壓痕，可用於鑑識一個人的身分。

染色體　細胞核內的微小構造，共有 46 條，帶有能傳遞遺傳特徵的基因。

脊紋　手掌及腳底的皮膚上隆起的微細線條，會在接觸過的物品上留下紋路。

浮游生物　生活在水中的微小植物和動物，沒辦法在水中靈活的游泳。

病理學　研究死因與病因的科學領域。

粉末法　在指紋上覆蓋粉末，然後取走指紋，帶回實驗室鑑定的方法。

假設　關於問題的學術猜想，例如假想一件刑案是以何種方式或由誰犯下；可能的解答將交由調查或實驗證實。

偽造　為了欺騙而複製或製造。

偽造文書罪　假造或偽造文件的罪行。

偽鈔　為了欺騙的目的而模仿真的鈔票。

偽證　在法庭上故意說謊。

動物學　研究動物的科學領域。

基因　決定特徵，如眼睛和頭髮的顏色。是染色體的一部分。

推理　根據證據或邏輯，提出合理的推測。

細胞核　細胞的中心，含有 DNA，在細胞的各項功能中扮演重要角色。

脣印辨識　研究脣印的專業技術。

植物學　研究植物的科學領域。

無機　不含碳的物質。

盜獵　沒有執照或在非法狩獵季節殺害野生動物。

短期記憶　近期儲存在大腦的資訊，只能在短暫的期間之內記住。

陽線　在槍管被鑿刻之後，槍管內部未被鑿掉的部分。

嫌犯　被認為可能犯下罪行的人。

微生物　微小的生物，尤其指細菌。

微物跡證　在刑案調查中，可被分析並當成證據的微量物質。

感官　大腦及神經藉由視覺、聽覺、嗅覺、觸覺與味覺對周遭世界做出察覺與反應的能力。

解剖學　研究生物構造的科學領域。

跟蹤　跟隨在他人後面而不被發現。

路卡交換原理　這個原理是一九一〇年愛德蒙・路卡體認出來的。指罪犯一定會由刑案現場帶走某些物質，也會留下某些物質。

監視　暗地觀察。

腐植質　土壤裡的有機成分，由腐爛的植物和動物構成。

酸　具有酸味，能中和鹼，並把紫色高麗菜汁變成紅色的物質。

彈殼　子彈外圍的圓柱形容器，裡面裝了火藥。

彈道學　處理如子彈和火箭等發射物品移動的科學領域。

撞針　槍砲的金屬零件，可以撞擊子彈，並引燃火藥。

潛在指紋　在犯罪現場物品上無法清楚看到的指紋，必須經過處理才看得到。

線索　和案件有關的情報。

膠體電泳　把 DNA 碎片根據大小分離成不同條帶的方法。

髮根　頭髮在皮膚表面下生長的膨大部分。

縱火　焚燒建築物等財產的犯罪行為。

聲紋　一個人的錄音中，聲音波形和變化所呈現的模式，可用於辨識身分。

證據　為刑案（尤其是在法庭上）提出證明的物品。

鑄型　把石膏倒入模子中所做出的造型。

鑑識科學　將科學知識應用在法律事務上的一門學問，尤其是指涉及犯罪的偵查。

鑑識實驗室　分析證據的地方，有時也稱為刑事實驗室。

鹼　具有澀味，能中和酸，並使紫色高麗菜汁變綠色的物質。

觀察　運用一個人的感官仔細察覺，連細節也不放過。

髖骨　構成骨盆的骨頭。

作者
致謝

　　謝謝許多夥伴犧牲寶貴的時間，協助我研究警方偵辦刑案的程序，並設計能讓兒童體驗鑑識科學的活動。加拿大皇家騎警溫哥華刑事偵查實驗室的丹尼斯‧蘇利福特（Dennis Thrift）、西蒙傅拉瑟大學刑事昆蟲實驗室的姬兒‧安德生、卑詩大學刑事牙科實驗室的大衛‧史威特（David Sweet）、西蒙傅拉瑟大學考古學系的馬克‧史金納（Mark Skinner）等是設計某些活動的關鍵人物。他們也提供了一些故事，說明《鑑識科學好好玩》裡提到的辦案程序如何運用在他們的工作中，並審定書中的資料，確認它們是正確的。我也要感謝西蒙傅拉瑟大學教育系的亞蘭‧麥金農（Alan McKinnon），他對鑑識科學提出很多獨到見解，我們對於如何讓兒童理解鑑識科學，進行了很深入的討論。謝謝他們每一位！

　　我特別感謝約翰威立出版社，尤其是編輯凱特‧布萊德福（Kate Bradford）和她的助理編輯卡拉‧賴瑟（Kara Raezer），他們把《鑑識科學好好玩》從構想變成了一本精心編製的書。

小麥田

知識館 10

鑑識科學好好玩

採證指紋、鑑定 DNA、搜集微物跡證……
5 大主題 X40 個跨學科實驗，成為小小 CSI 鑑識專家！
Detective Science: 40 Crime-Solving, Case-Breaking, Crook-Catching Activities for Kids

----

作　　者	吉姆‧魏斯（Jim Wiese）
譯　　者	陳偉民
審　　定	李承龍
封面‧內頁設計	黃鳳君
插　　畫	白佩穎
協 力 編 輯	吳欣庭
責 任 編 輯	汪郁潔

國 際 版 權	吳玲緯 蔡傳宜
行　　銷	闕志勳 吳宇軒 陳欣岑
業　　務	李再星 陳紫晴 陳美燕 葉晉源
副 總 編 輯	巫維珍
編 輯 總 監	劉麗真
總 經 理	陳逸瑛
發 行 人	涂玉雲
出　　版	小麥田出版
	10483 台北市中山區民生東路二段 141 號 5 樓
	電話：(02)2500-7696
	傳真：(02)2500-1967
發　　行	英屬蓋曼群島商家庭傳媒股份有限公司
	城邦分公司
	10483 台北市中山區民生東路二段 141 號 11 樓
	網址：http://www.cite.com.tw
	客服專線：(02)2500-7718｜2500-7719
	24 小時傳真專線：(02)2500-1990｜2500-1991
	服務時間：週一至週五 09:30-12:00｜13:30-17:00
	劃撥帳號：19863813　戶名：書虫股份有限公司
	讀者服務信箱：service@readingclub.com.tw
香港發行所	城邦（香港）出版集團有限公司
	香港灣仔駱克道 193 號東超商業中心 1/F
	電話：852-2508 6231
	傳真：852-2578 9337
馬新發行所	城邦（馬新）出版集團 Cite(M) Sdn. Bhd
	41-3, Jalan Radin Anum,
	Bandar Baru Sri Petaling,
	57000 Kuala Lumpur, Malaysia.
	電話：+6(03) 9056 3833
	傳真：+6(03) 9057 6622
	讀者服務信箱：services@cite.my
麥田部落格	http://ryefield.pixnet.net
印　　刷	前進彩藝有限公司
初　　版	2019 年 5 月
初 版 五 刷	2022 年 12 月
售　　價	340 元

版權所有 翻印必究
ISBN 978-957-8544-12-3
Printed in Taiwan.
本書若有缺頁、破損、裝訂錯誤，請寄回更換。

國家圖書館出版品預行編目資料

鑑識科學好好玩 / 吉姆．魏斯 (Jim Wiese) 著；陳偉民譯 .-- 初版 .-- 臺北市：小麥田出版：家庭傳媒城邦分公司發行, 2019.05
面；　公分 .
譯　自：Detective science : 40 crime-solving, case-breaking, crook-catching activities for kids

ISBN 978-957-8544-12-3(平裝)
1. 法醫學 2. 鑑識 3. 刑事偵察 4. 通俗作品

586.66　　108005197

城邦讀書花園
www.cite.com.tw
書店網址：www.cite.com.tw

Detective Science: 40 Crime-Solving, Case-Breaking, Crook-Catching Activities for Kids by Jim Wiese
Text © 1996 by Jim Wiese
Complex Chinese translation copyright © 2019 by Rye Field Publications, a division of Cite Publishing Ltd.
Published by arrangement with John Wiley & Sons International Rights, Inc.
All Rights Reserved. 版權所有‧翻印必究